21世纪高职高专财经类能力本位型规划教材

浙江省重点教材建设项目

成本会计

主　编　徐亚明　吴雯雯
副主编　黄慧丹　平　音
主　审　曾国华

北京大学出版社
PEKING UNIVERSITY PRESS

内 容 简 介

本书依据财政部新颁布的企业会计准则，结合当前成本会计的研究教学改革成果编写而成。本书主要内容包括成本会计的基本理论、产品成本的基本计算方法和辅助方法、成本报表的编制等。本书每章均列出学习目标，并以生动的案例作为引言，且每章都安排了同步测试题，以便学生复习巩固知识。本书内容完整，简洁够用，注重操作性和实用性。

本书可作为高职高专财会类和其他相关专业的教材，也可作为在职会计人员培训的参考资料。

图书在版编目(CIP)数据

成本会计/徐亚明，吴雯雯主编. —北京：北京大学出版社，2011.8

(21世纪高职高专财经类能力本位型规划教材)

ISBN 978-7-301-19409-6

Ⅰ.①成… Ⅱ.①徐…②吴… Ⅲ.①成本会计—高等职业教育—教材 Ⅳ.①F234.2

中国版本图书馆CIP数据核字（2011）第169726号

书　　名： 成本会计
著作责任者： 徐亚明　吴雯雯　主编
策 划 编 辑： 吴　迪　蔡华兵
责 任 编 辑： 蔡华兵
标 准 书 号： ISBN 978-7-301-19409-6/F·2848
出　版　者： 北京大学出版社
地　　址： 北京市海淀区成府路205号　100871
网　　址： http://www.pup.cn　http://www.pup6.com
电　　话： 邮购部62752015　发行部62750672　编辑部62750667　出版部62754962
电 子 邮 箱： pup_6@163.com
印　刷　者： 北京京华虎彩印刷有限公司
发　行　者： 北京大学出版社
经　销　者： 新华书店
787mm×1092mm　16开本　11.75印张　266千字
2011年8月第1版　2014年7月第3次印刷
定　　价： 24.00元

前　　言

随着市场经济的发展，面对理性而规范的市场竞争，成本会计信息在企业经营活动中的作用越来越重要，几乎任何一项投资都需要运用成本会计的信息。成本会计是从事会计工作的一门必修课程。作为高职高专财经类专业的学生，尤其是会计专业的学生，必须了解和掌握成本会计的基本理论、基本知识和基本技能。成本会计要适应会计环境的变化，提高教学质量，就必须建立体现时代需求的成本会计课程内容结构。这就要求我们必须站在学术前沿，及时掌握社会需求动态，不断更新、补充、优化教学内容，将理论知识与实践应用融为一体，以满足培养既有理论深度又有较强实践能力的会计人才的需要。

2006 年 2 月，财政部发布了 39 项企业会计准则，新会计准则由 1 项基本准则和 38 项具体准则组成，于 2007 年 1 月 1 日起在上市公司中执行，鼓励其他企业执行。本书正是为适应财会等专业教学以及在职会计人员学习培训的需求，结合新会计准则而及时更新的教材。

本书具有以下特点：

(1) 根据我国会计改革的特点，并结合高职学生的就业导向，立足中小企业成本会计实际，内容取舍更具针对性。

(2) 充分考虑财经类专业培养目标和教学特点，在结构体系的安排上力求科学，尽量避免课程之间不必要的重复，在编排上体现了成本会计计算程序的顺序。

(3) 注重成本会计技能的培养，内容贴近实际，简洁够用，具有较广泛的适用性。

(4) 每章以案例导入，以测试题结束，能使读者更好地理解知识内容，检验学习效果。同时，每章穿插大量例题，并设有“问题与思考”环节，能够更好地培养读者的实际动手能力和分析问题的能力。

在使用本书教学的过程中，可将理论与实践相结合，建议理论和实践环节教学课时内容各占 50%，应注重学生会计技能的培养。

本书由浙江长征职业技术学院的徐亚明老师和吴雯雯老师担任主编，郴州职业技术学院的黄慧丹老师和浙江长征职业技术学院的平音老师担任副主编，由浙江大学的曾国华博士担任主审。本书具体编写分工为：徐亚明编写第 1 章，吴雯雯编写第 2 章到第 5 章，平音编写第 6 章到第 9 章，黄慧丹编写第 10 章到第 13 章。本书在编写过程中得到了浙江长征职业技术学院的周艳老师的指导，在此表示衷心的感谢。

由于编者水平有限，编写时间仓促，所以书中不足之处在所难免，欢迎广大读者和同行批评指正。

编　者

2011 年 5 月

目　录

第1章 总　论

学习目标

1. 了解成本的作用，成本会计的发展历程。
2. 理解成本会计的任务。
3. 掌握成本的经济实质，成本会计的职能。

引　例

小王、小刘和小李是三名会计专业的大二学生，在参观完一家生产自行车的民营中小企业后，引发了关于成本问题的争论。小王认为自行车的成本应该只包括生产自行车的原材料、生产工人工资及福利、厂房折旧、车间水电费等；小刘认为小王的说法不完整，成本还应该包括费用，比如管理费用、财务费用、销售费用等，这些也都是为了生产自行车发生的；而小李觉得成本应该包括企业的一切支出，甚至包括营业外支出。结果，大家都闹糊涂了，既然成本这么重要，那么哪些才属于成本的范畴？

1.1 成本的经济实质及其作用

1.1.1 成本的经济实质

成本是商品经济的一个价值范畴，是企业为生产商品和提供劳务等所耗费物化劳动、活劳动中必要劳动的价值的货币表现，是商品价值的重要组成部分。企业经济效益的好坏和成本有直接的关系，企业以追求经济效益最大化为目标，就必须加强成本管理，努力降低成本。而要做好成本管理工作首先应从理论上充分认识成本的经济实质。

马克思曾科学地指出了成本的经济性质："按照资本主义方式生产的每一个商品 W 的价值，用公式来表示是 $W=C+V+M$。如果从这个产品价值中减去剩余价值 M，那么，在商品剩下来的，只是一个在生产要素上耗费的资本价值 $C+V$ 的等价物或补偿价值。"商品价值的这个部分，即补偿所消耗的生产资料价格和所使用的劳动力价格的部分，只是补偿商品使资本家自身耗费的东西，所以对资本家来说，这就是商品的成本价格。"马克思的这段话，第一，指出的只是产品成本的经济实质，并不是泛指一切成本；第二，从耗费角度指明了产品成本的经济实质是 $C+V$，由于 $C+V$ 的价值无法计量，人们所能计量和把握的成本，实际上是 $C+V$ 的价格即成本价格；第三，从补偿角度指明了成本的补偿商品生产中使资本自身消耗的东西，实际上是说明了成本对再生产的作用。也就是说，产品成本是企业维持简单再生产的补偿尺度。由此可见，在一定产品销量和销售价格的条件下，产品成本水平的高低，不但制约着企业的生存，而且决定着剩余价值 M 即利润的多少，从而制约着企业再生产扩大的可能性。马克思对于成本的考察，既看到耗费，又重视补偿，这是对成本性质完整的理解。在商品生产条件下，耗费和补偿是对立统一的。任何耗费总是个别生产者的事，而补偿则是社会的过程。耗费要求得到补偿和能否得到补偿是两个不同的事情。这就迫使商品生产者不得不重视成本，努力加强管理，力求以较少的耗费来寻求补偿，并获取最大限度的利润。

在实际工作中，为了促使企业厉行节约，减少损失，加强企业的经济责任，对于一些不形成产品价值的损失性支出(如工业企业里的废品损失、停工损失等)，也列入产品成本之中。此外，对某些应从为社会创造的价值中进行分配的部分(如财产的保险费用等)也列入产品成本。这说明产品成本的实际内容，一方面要求反映成本的客观经济实质，另一方面又要按照国家的分配方针和财务管理制度规定，把某些不属于 $C+V$ 的内容列入成本，而把某些属于活劳动耗费性质的费用列入营业外支出或从留存收益中开支。

总之，不同的经济环境，不同的行业特点，对成本的内涵有不同的理解。但是，成本的经济内容归纳起来有两点是共同的：一是成本的形成是以某种目标为对象的。目标可以是有形的产品或无形的产品，如新技术、新工艺；也可以是某种服务，如教育、卫生系统的服务目标。二是成本是为实现一定的目标而发生的耗费，没有目标的支出则是一种损失，不能叫做成本。

问题与思考

美国著名的会计学家查尔斯·T·霍恩格伦在《成本会计(以管理为重心)》一书中指出：成本是获得商品或劳务所作出的牺牲，可以采用现金支出形式，也可以采用机会成本形式，通常成本意味着牺牲或放弃。你对此有什么看法？

1.1.2 成本在经济活动中的重要作用

1. 成本是补偿生产耗费的尺度

企业为了保证再生产的不断进行，必须对生产耗费，即资金耗费进行补偿。企业是自负盈亏的商品生产者和经营者，其生产耗费须用自身的生产成果，即销售收入来补偿以维持企业再生产按原有规模进行。而成本就是衡量这一补偿份额大小的尺度。

2. 成本是制定产品价格的基础

产品价格是产品价值的货币表现，但在现阶段，人们还不能直接地准确计算产品的价值，而只能计算成本。成本作为价值构成的主要组成部分，其高低能反映产品价值量的大小，因而产品的生产成本成为制定产品价格的重要基础。因此，只有正确地核算成本，才能使价格最大限度地反映社会必要劳动的消耗水平，从而接近价值。当然，产品的定价是一项复杂的工作，还应考虑其他因素，如国家的价格政策及其他经济政策法令、产品在市场上的供求关系及市场竞争的态势等。

3. 成本是计算企业盈亏的依据

企业只有当其收入超出其为取得收入而发生的支出时，才有盈利。成本也是划分生产经营耗费和企业纯收入的依据。因为成本规定了产品出售价格的最低经济界限，在一定的销售收入中，成本所占比例越低，企业的纯收入就越多。

4. 成本是企业进行决策的依据

企业要努力提高其在市场上的竞争能力和经济效益。首先必须进行正确可行的生产经营决策，而成本就是其中十分重要的一项因素。成本作为价格的主要组成部分，其高低是决定企业有无竞争能力的关键。因为在市场经济条件下，市场竞争在很大程度上就是价格竞争，而价格竞争的实际内容就是成本竞争。企业只有努力降低成本，才能使自己的产品在市场中具有较高的竞争能力。

5. 成本是综合反映企业工作业绩的重要指标

企业经营管理中各方面工作的业绩，都可以直接或间接地在成本上反映出来，如产品设计好坏、生产工艺合理程度、产品质量高低、费用开支大小、产品产量增减以及各部门各环节的工作衔接协调状况等。因此，可以通过对成本的预测、决策、计划、控制、核算、分析和考核等来促使企业加强经济核算，努力改善管理，不断降低成本，提高经济效益。

1.2 成本会计的发展和对象

成本会计是会计的一个分支，是以成本为对象的一种专业会计。成本会计是为了适应特定的经济发展的要求而产生，并在与外部环境的相互作用下发展。

1.2.1 成本会计的产生和发展

成本会计先后经历了早期成本会计、近代成本会计、现代成本会计和战略成本会计 4 个阶段。成本会计的方式和理论体系，随着其发展阶段的不同而有所不同。

1. 早期成本会计阶段(1880—1920 年)

随着英国产业革命的完成，用机器代替了手工劳动，用工厂制代替了手工工场，会计人员为了满足企业管理上的需要，起初是在会计账簿之外，用统计的方法来计算成本。此时，成本会计出现了萌芽。成本会计的方式：在早期成本会计阶段，主要是采用分批法或分步法成本会计制度；成本会计的目的：计算产品成本以确定存货成本及销售成本。所以，初创阶段的成本会计也称为记录型成本会计。

2. 近代成本会计阶段(1921—1945 年)

19 世纪末 20 世纪初在制造业中发展起来的以泰勒为代表的科学管理，对成本会计的发展产生了深刻的影响。标准成本法的出现使成本计算方法和成本管理方法发生了巨大的变化，成本会计进入了一个新的发展阶段。近代成本会计主要采用标准成本制度和成本预测，为生产过程的成本控制提供条件。以标准成本系统为基础的责任成本控制系统的形成和发展是成本会计的第二次革命。

3. 现代成本会计阶段(1945—1980 年)

20 世纪 50 年代起，西方国家的社会经济进入了新的发展时期。随着管理现代化，运筹学、系统工程和电子计算机等各种科学技术成就在成本会计中得到了广泛应用，从而使成本会计发展到一个新的阶段，即成本会计发展重点已由如何对成本进行事中控制、事后计算和分析转移到如何预测、决策和规划成本，形成了新型的以管理为主的现代成本会计。

现代成本会计是成本会计与管理的直接结合，它根据成本核算和其他资料，采用现代数学和数理统计的原理和方法，建立起数量化的管理技术，用来帮助人们按照成本最优化的要求，对企业的生产经营活动进行预测、决策、控制、分析、考核，促使企业生产经营实现最优化运转，以提高企业的市场适应和竞争能力。因此，现代成本会计是广义的成本会计，实际上也就是成本管理。

4. 战略成本会计阶段(1981 年以后)

20 世纪 80 年代以来，随着计算机技术的进步，生产方式的改变，产品生命周期的缩短，以及全球性竞争的加剧，大大改变了产品成本结构与市场竞争模式。成本管理的视角应由单纯的生产经营过程管理和重股东财富，扩展到与顾客需求及利益直接相关的、包括产品设计和产品使用环节的产品生命周期管理，使更加关注产品的顾客可察觉价值；同时要求企业更加注重内部组织管理，尽可能地消除各种增加顾客价值的内耗，以获取市场竞争优势。此时，战略相关性成本管理信息已成为成本管理系统中不可缺少的组成部分。

1.2.2 成本会计的对象

成本会计的对象是指成本会计反映和监督的内容。明确成本会计的对象，对于确定成本会计的任务，研究和运用成本会计的方法，更好地发挥成本会计在经济管理中的作用，有着重要的意义。

1. 工业企业成本会计的对象

工业企业成本会计的对象包括产品的生产成本和经营管理费用。产品生产成本是指实际工作中的产品成本而不是指产品所耗费的全部成本，包括不形成产品价值的损失(废品损失、季节性和修理期间的停工损失等)，但不包括工业企业行政管理部门为组织和管理生产经营活动而发生的管理费用、为筹集生产经营资金而发生的财务费用，以及用于销售产品而发生的销售费用等大多按时期发生，难于按产品归集的费用。工业企业的经营管理费用是指工业企业的产品销售费用、管理费用和财务费用。

2. 成本会计的一般对象

成本会计的一般对象不仅包括工业生产企业的产品生产成本和经营管理费用，而且包括其他行业的成本和经营管理费用，如商品流通企业、交通运输企业，建筑施工企业等。因为，成本作为经济范畴，遍及各行业企业的经济活动，这些行业企业从事经济活动发生的耗费也就成为成本会计对象的内容。总之，成本会计的对象可以概括为：各行业企业生产经营业务的成本和有关的经营管理费用，简称成本、费用。因此，成本会计实际上是成本、费用会计。

3. 现代成本会计的对象

随着经济的发展与科技进步，企业经营管理要求的提高，成本概念的内涵不断变化，成本的外延不断扩展。随着成本概念的发展、变化，成本会计的对象也相应地发展、变化。现代成本会计不仅应该按照现行制度的有关规定为企业正确地确定利润和进行成本管理提供可靠的生产经营业务成本和有关的经营管理费用，而且应该从企业内部经营管理的需要出发，提供多方面的成本信息。例如，为了进行短期的生产经营的预测和决策，应计算变动成本、固定成本、机会成本、边际成本等；为了加强企业内部的成本控制和考核，应计算可控成本和不可控成本；为了进一步提高成本信息的决策相关性，还应该计算作业成本等。由此可见，现代成本会计的对象，应该包括各行业企业生产经营业务成本、有关的经营管理费用和各种专项成本。现代成本会计就是以这些成本、费用为对象的一种专业会计。

1.2.3 支出、费用和成本之间的关系

支出、费用和成本是3个关系极为密切的概念。下文以工业生产企业的支出、费用和成本为例，简要说明它们之间的联系与区别。

1. 支出

支出是企业在生产经营过程中为获得另一项资产、为清偿债务所发生的资产的流出。如企业为购买材料、办公用品等支付或预付的款项；为偿还银行借款、应付账款及支付账款或支付股利所发生的资产的流出；为购置固定资产、支付长期工程费用所发生的支出。一般来说，企业的支出可分为资本性支出、收益性支出、所得税支出、营业外支出和利润分配性支出五大类。

资本性支出是指受益期超过一年或一个营业周期的支出，即发生该项支出不仅是为了取得本期收益，而且也是为了取得以后各期收益。因此，在发生时，先将其资本化，按权责发生制原则将其中一部分转化为本期费用，如企业购建的固定资产、无形资产以及递延资产、对外投资等。

收益性支出是指企业在经营过程中发生、其效益仅与本会计期间相关，因而由本期收益补偿的各项支出。这些支出发生时，都应计入当期有关成本费用科目，如企业为生产经营而发生的材料、工资等开支。

所得税支出是企业在取得经营所得与其他所得的情况下，按国家税法规定向政府缴纳的税金支出。所得税支出作为企业的一项费用也是直接冲减当期收益。

营业外支出是指不属于企业生产经营费用，与企业生产经营活动没有直接的关系，但应从企业实现的利润总额中扣除的支出，包括固定资产盘亏、报废、毁损和出售的净损失、非季节性和非修理性期间的停工损失、职工子弟学校经费和技工学校经费、非常损失、公益救济性的捐赠、赔偿金、违约金等。这些支出尽管与企业生产经营活动没有直接联系，但是与其收入的取得还是有关系的，因而也把它作为当期损益的扣减要素。

利润分配性支出是指向投资者支付的股息、红利等，也就是向所有者分配利润有关的经济利益的总流出。

2. 费用

费用是指企业在日常活动中发生的、会导致所有者权益减少的、与向所有者分配利润无关的经济利益的总流出。费用按其同产品生产的关系可划分为生产费用和期间费用两类。生产费用是指产品生产过程中发生的物化劳动和活劳动的货币表现，如直接材料、直接人工和制造费用等耗费，它同产品生产有直接关系；期间费用是指同企业的经营管理活动有密切关系的耗费，它同产品的生产没有直接关系，但与发生的期间配比，应作为当期收益的扣减。企业的期间费用包括营业费用、管理费用和财务费用。费用是企业支出的构成部分，在企业支出中凡是同企业的生产经营有关的部分，即可表现或转化为费用；否则，不能列为费用。

3. 成本与费用的关系

成本和费用是两个既相互联系又相互区别的概念。成本与企业特定资产或劳务相关，而费用则与特定期间相关；成本是企业为取得某种资产或劳务所付出代价的量度，而费用则是为取得收入而发生的资源耗费金额；成本不能抵减收入，只能以资产的形式反映在资产负债表中，而费用则必须冲减当期的收入，并反映在利润表中。但成本通过“资产化”，再通过耗费过程可以转化为费用，例如企业为了开展生产经营活动，必须购置某项设备而发生支出，形成固定资产的采购成本，设备安装完毕，交付使用并构成企业的固定资产。如果设备是用于生产产品，则每期将固定资产的成本按一定的方法计提的折旧计入产品的生产成本；如果设备是用于管理目的，则将各期计提的折旧费计入各期的管理费用。又如，为了生产产品，企业必须采购材料而发生支出，从而形成材料的采购成本。材料验收入库后，采购成本转化为企业的存货成本，如果企业领用材料用于办公，则存货成本转化为管理费用；如果领用材料用于生产产品，则存货的成本就转化为产品的生产成本，产品完工验收入库则生产成本又转化为存货的成本，将产品出售，存货成本则转化为销售费用。

问题与思考

某公司 8 月份有关资料：购买了一台设备，支出 50 万元，为购买该设备支付增值税 8.5 万元。该设备预计使用 10 年，支付公司行政人员工资 30 万元，计提了福利费 4.2 万元，还提取了工会经费、教育经费 1.05 万元；支付公司办公费用 10 万元；支付本月生产产品的工人工资 100 万元，生产管理人员工资 10 万元；支付广告费 50 万元，销售产品差旅费 5 万元；支付运动会赞助费 20 万元、行政罚款 0 万元；本月折旧费 50 万元，其中公司管理部门 5 万元，车间 5 万元；本月应交所得税 20 万元；应分配给投资人利润 0 万元；生产领用材料 300 万元；购进材料 500 万元。请问该公司支出、费用和产品成本各多少？

1.2.4 成本会计、管理会计与财务会计的关系

现代会计系统大体可分为财务会计和管理会计两类。财务会计主要是为投资者、债权

人、政府机构以及其他的企业外部使用者提供经营成果、财务状况及其变动信息，其主要目的是发挥会计信息的社会职能；财务会计关注过去发生的事情，为满足客观性、可验证性以及一致性的要求，必须受制于“公认会计原则”(GAAP)。而管理会计则主要为企业内部各阶层管理人员提供各种相关的管理信息，其主要目的是协助实现组织目标，一般不受限于公认会计原则；管理会计强调未来，除了提供历史报告外，还提供预算和其他预测信息。

成本会计是财务会计与管理会计的混合物，是计算及提供成本信息的会计方法。成本会计主要处理企业获取和消耗资源的成本及其相关信息，它需要向财务会计和管理会计提供必要的数据。财务会计要依据成本会计所提供的有关资料进行资产计价和收益确定，而成本的形成、归集和结转程序也要纳入以复式记账法为基础的财务会计总框架中，因此，成本数据往往被企业外部信息使用者用于对企业管理当局业绩的评价，并据此作出投资决策。同样，成本会计所提供的成本数据，往往被企业管理当局作为决策的依据或用于对企业内部管理人员的业绩评价。可见，成本会计提供的成本信息既可以作为财务会计编制财务报表，也可满足企业内部管理人员进行决策或业绩评价的需要。因此，就财务报表的编制而言，成本会计附属于财务会计，但从管理角度来看，成本会计也是管理会计的一个组成部分。更进一步地讲，财务会计与管理会计，两者都依赖于成本会计系统所提供的信息。

1.3 成本会计的职能和任务

1.3.1 成本会计的职能

成本会计的职能是指成本会计作为一种管理经济的活动，在生产经营过程中所能发挥的作用。最初的成本会计职能仅仅是进行成本核算，而且核算的目的仅是为了确定商品的价格和经营盈亏。但随着生产过程的日趋复杂，生产、经营管理对成本会计不断提出新的要求，成本会计的具体内容不断发展，成本会计的职能，随着社会经济发展和管理水平的提高在不断地扩大。因此，现代成本会计已与管理紧密结合，它实际上包括了成本管理的各个环节。现代成本会计的主要职能有：成本预测、成本决策、成本计划、成本控制、成本核算、成本分析和成本考核。

1. 成本预测

成本预测是指根据与成本有关的各种数据及其各种技术经济因素的依存关系，采用一定的程序、方法和模型，对未来的成本水平及其变化趋势作出科学的推测。通过成本预测，掌握未来的成本水平及其变动趋势，有助于减少决策的盲目性，使经营管理者易于选择最优方案，作出正确决策。

2. 成本决策

成本决策是指在成本预测的基础上，按照既定或要求的目标，运用专门的方法，在若干个与生产经营和成本有关的方案中，选择最优方案，据以制定目标成本。成本决策与成本预测紧密相连，它以成本预测为基础，是一项不可缺少的重要职能，它对于正确地制订成本计划，促使企业降低成本，提高经济效益都具有十分重要的意义。

3. 成本计划

成本计划是根据成本决策所制定的目标成本，具体规定在计划期内为完成生产任务所需支出的成本、费用，确定各种产品的成本水平，并提出为达到目标成本水平所应采用的各种措施。成本计划属于成本的事前管理，是企业生产经营管理的重要组成部分，通过对成本的计划与控制，分析实际成本与计划成本之间的差异，指出有待加强控制和改进的领域，达到评价有关部门的业绩，增产节约，从而促进企业发展的目的。

4. 成本控制

成本控制是指在生产经营过程中，根据成本计划具体制定原材料、燃料、动力和工时等消耗定额和各项费用定额，对各项实际发生的成本、费用进行审核、控制，并及时反馈实际费用与标准之间的差异及其原因，进而采取相应的措施，以保证成本计划的执行。成本控制的过程是运用系统工程的原理对企业在生产经营过程中发生的各种耗费进行计算、调节和监督的过程，同时也是一个发现薄弱环节，挖掘内部潜力，寻找一切可能降低成本途径的过程。科学地组织实施成本控制，可以促进企业改善经营管理，转变经营机制，全面提高企业素质，使企业在市场竞争的环境下生存、发展和壮大。

5. 成本核算

成本核算是对生产经营过程中实际发生的成本、费用按照一定的对象和标准进行归集和分配，并采用适当的成本计算方法，计算出该对象的总成本和单位成本。成本核算是对生产经营管理费用的发生和产品成本的形成所进行的核算。进行成本核算，首先审核生产经营管理费用，看其是否已发生，是否应当发生，已发生的是否应当计入产品成本，实现对生产经营管理费用和产品成本直接的管理和控制；其次对已发生的费用按照用途进行分配和归集，计算各种产品的总成本和单位成本，为成本管理提供真实的成本资料。

6. 成本分析

成本分析是根据成本核算所提供的成本数据和其他有关资料，通过与本期计划成本、上年同期实际成本、本企业历史先进成本水平，以及国内外先进企业的成本等进行比较，分析成本水平与构成的变动情况，研究成本变动的因素和原因，挖掘降低成本的潜力。

7. 成本考核

成本考核是指企业将计划成本或目标成本指标进行分解，制定企业内部的成本考核指标，分别下达给各内部责任单位，明确它们在完成成本指标时的经济责任，并定期对成本计划的执行结果进行评定和考核。

总之，在成本会计的各个职能中，成本核算是最基本的职能，它提供企业管理所需的成本信息资料，没有成本核算，成本的预测、决策、计划、控制、分析和考核都无法进行，同时成本核算也是对成本计划预期目标是否实现的最后检验，因而，没有成本核算就没有成本会计。成本会计的其他职能，正是在成本核算的基础上，随着企业经营管理要求的提高和管理科学的发展，随着成本会计与管理科学的结合，逐步发展形成的。成本预测是成本会计的第一个环节，它是成本决策的前提；成本决策既是成本预测的结果，又是制订成本计划的依据，在成本会计中居于中心地位；成本计划是成本决策的具体化；成本控制是对成本计划的实施进行监督，是实现成本决策既定目标的保证；成本分析和成本考核是实现成本决策和成本计划目标的有效手段。成本会计的各个职能是相互联系，互为条件的，并贯穿于企业生产经营活动的全过程。

1.3.2 成本会计的任务

成本会计的根本任务是企业尽可能节约生产经营过程中活劳动与物化劳动的消耗，不断降低产品成本，提高经济效益。这同成本会计的职能有着密切联系：成本会计能否承担某一项任务，取决于它是否具有完成该项任务的职能；成本会计职能的发挥程度又受制于任务完成情况的好坏。但是，成本会计的职能和任务又是各有特定含义的独立概念。职能是指成本会计本身所具有的功能，具有客观性、相对稳定性以及普遍适用性的特点；而任务是指发挥职能作用所要达到的目的和要求，它具有主观性、不稳定性以及与社会环境密切相关的特点。所以成本会计的任务不仅取决于其职能作用，还取决于一定时期社会环境的需要和企业的中心任务。具体来说，成本会计的任务主要包括以下 4 个方面。

1. 正确计算成本，及时提供成本信息

正确计算成本是成本会计的核心内容。只有成本数据正确可靠，才能满足管理的需要，才能反映成本计划的执行情况，为企业经营决策提供成本信息，并能按规定为国民经济管理提供必要的成本数据。如果成本资料不能反映产品成本的实际水平，不仅难以考核成本计划的完成情况和进行成本决策，而且还会影响利润的正确计量和存货的正确计价，歪曲企业的财务状况。同时，及时编制各种成本报表，还可以使企业的有关人员及时了解成本的变化情况，并作为制订售价、作出成本决策的重要参考资料。

2. 优化成本决策，确立目标成本

成本资料反映了企业在某一经营水平方案中的实际耗费水平。当企业的经营活动具有多个可供选择的经营方案时，就必须从各个可行方案中选择耗费最少的方案，使成本最低化作为制定目标成本的基础。成本预测和成本决策是密切联系的。加强成本预测是优化成本决策的前提，而优化成本决策是加强成本预测的结果。为了优化成本决策，需增强企业员工的成本意识，使之在处理每一项业务活动时都能自觉地考虑和重视降低产品成本的要求，把所费与所得进行比较，以提高企业的经济效益。

3. 制定目标成本，加强成本控制

根据成本最优化所确定的成本称为目标成本。实行目标成本管理能为企业提高经济效益提供可靠的保证。目标成本是企业在一定时期内为保证实现目标利润而制定的成本控制指标。目标成本制定的正确与否对于成本控制的有效性有着重要影响。成本控制是在目标成本分解的基础上进行的。要加强成本控制，就必须对目标成本的分解指标进行归口分级控制；要以产品成本形成的全过程为对象，结合生产经营过程各阶段的不同性质和特点进行有效的控制；必须从人力、物力和财力的使用效果来衡量，着眼于工作的改进和成本效益的提高。

4. 建立责任成本制度，加强成本考核

责任成本制是对企业各部门、各层次和执行人员在成本方面的职责所作的规定，是提高职工降低成本的责任心，发挥其主动性、积极性和创造力的有效办法。建立责任成本制，要把完成成本降低任务的责任落实到每个部门、层次和责任人，使职工的责、权、利相结合，职工的劳动所得同劳动成本相结合，以增强企业活力。成本考核是成本责任制顺利贯彻的保证。通过成本考核，可以分清责任，正确评价各部门工作，起到鼓励先进、鞭策落后的作用。因此，成本考核必须与成本责任制结合起来，奖惩分明，把成本管理的好坏与每个员工的切身利益紧密结合起来，促使各责任部门积极采取有效措施，改进工作，努力降低成本，以取得更大的经济效益。

问题与思考

为什么说成本核算是成本会计最基本的职能？成本会计的任务和职能之间有着什么联系和区别？

1.4 成本会计工作的组织

为了充分发挥成本会计的职能作用，顺利完成成本会计的任务，企业必须科学地组织成本会计工作。成本会计工作的组织主要包括设置成本会计机构，配备合格的成本会计人员，制定科学的成本会计制度等。

1.4.1 成本会计机构

成本会计机构是指企业从事成本会计工作的职能单位，是企业会计机构的组成部分。设置成本会计机构应明确企业内部对成本会计应承担的职责和义务，坚持分工与协作相结合，统一与分散相结合的原则，使成本会计机构的设置与企业规模大小、业务繁简、管理要求相适应。

由于成本会计工作是会计工作的一部分，所以企业的成本会计机构一般是企业会计机构的一部分。在大中型企业，厂部的企业会计机构一般设在厂部会计部门中，是厂部会计处的一个成本核算科室。在小型企业，通常在会计部门中设置成本核算组或专职成本核算人员负责成本会计工作。

厂部成本会计机构是全厂成本会计的综合部门，负责组织全厂成本的集中统一管理，为企业管理当局提供必要的成本信息；进行成本预测和成本决策；编制成本计划，并将成本计划分解下达给各责任部门；实行日常成本控制，监督生产费用的支出；正确地核算企业产品成本及有关费用；检查各项成本计划的执行结果，分析成本变动的原因。考核各责任部门和个人的成本责任完成情况，实行物资利益分配；组织车间的成本核算和管理，加强对班组成本核算的指导和帮助；制定全厂的成本会计制度，配备必要的成本会计人员。

企业内部各级成本会计机构之间的组织分工，有集中工作和分散工作两种方式。

(1) 集中工作方式是指成本会计工作中的核算、分析等各方面的工作，主要由厂部成本会计机构集中进行，车间等其他单位中的成本会计机构和人员只负责登记原始记录和填制原始凭证，对它们进行初步的审核、整理和汇总，为厂部进一步的工作提供资料。这种方式的特点是，有利于企业管理当局及时掌握企业有关成本的全部信息；便于集中使用计算机进行成本数据处理；同时，还可以减少成本会计机构的层次和成本会计人员的数量。但这种工作方式不便于直接从事生产经营活动的各单位和职工及时掌握本单位的成本信息，从而不利于调动他们自我控制成本和费用的积极性。因此，集中工作方式一般适用于小型企业。

(2) 分散工作方式也称非集中工作方式，是指成本会计工作中的核算和分析等方面的工作，分散由车间等其他单位的成本会计机构或人员分别进行。厂部成本会计机构负责对各下级成本会计机构或人员进行业务上的指导和监督，并对全厂成本进行综合的核算、分析等工作。分散工作方式的优缺点与集中工作方式正好相反。一般而言，大中型企业由于规模较大，组织结构复杂，会计人员数量较多，为了调动各级部门控制成本费用、提高经济效益的积极性，一般应采用分散工作方式。当然，也可以根据企业实际，将两种方式结合起来运用，对某些部门采用分散工作方式，而对另一些部门则采用集中工作方式。

1.4.2　成本会计人员

成本会计人员是指在会计机构或专设成本会计机构中所配备的成本工作人员。成本会计人员对企业日常的成本工作进行处理，如成本计划、费用预算成本预测、决策、实际成本核算和成本分析、考核等。成本核算是企业核算工作的核心，成本指标是企业一切工作质量的综合表现，为了保证成本信息的质量，对成本会计人员业务素质要求比较高。就思想品格而言，要求成本会计人员应具备良好的职业道德；就专业素质而言，要求成本会计人员不仅要会计知识面广，对成本理论和实践有较好的基础，而且要熟悉企业生产经营的流程(工艺过程)。

成本会计人员应在财务部领导的领导下，按照国家财会法规、公司财会制度和成本管理有关规定，负责拟订公司各处成本核算实施细则，在上级批准后组织执行；主动为有关人员对公司重大项目、产品等进行成本预算、编制项目成本计划，提供有关的成本资料；当公司推行全面成本核算管理和内部银行等制度时，协助有关主管制定总体方案和实施办法，确定各类成本定额、标准，并协助各部门和下属企业的推广培训；不断监督、调查各部门执行成本计划情况，并就出现的问题及时上报；学习、掌握先进的成本管理和成本核算方法及计算机操作，提出降低成本的控制措施和建议；做好相关成本资料的整理、归档、数据库建立、查询、更新工作；完成在财务部领导临时交办的其他任务。

根据成本会计人员的职责，应赋予他们相应的权限，这些权限主要有：成本会计人员有权要求企业有关单位和人员认真执行成本计划，严格遵守有关法规、制度和财经纪律；有权参与制订企业生产经营计划和各项定额，成本标准以及内部结算价格等；有权参与企业生产经营计划的制订；有权参与与成本有关的生产经营管理会议，提出降低成本的经营管理会议；有权督促检查企业各单位对成本计划和有关法规、制度、财经纪律的执行情况。

成本会计工作是一项涉及面宽，综合性强的管理工作。随着市场经济体制的不断发展和完善、科学技术的不断进步，依靠技术进步降低成本，增强企业的竞争能力，提高企业的经济效益，已经成为成本会计工作的重要内容。为此，成本会计人员必须刻苦钻研业务，不断提高自身素质，以适应新形势的要求。

1.4.3　成本会计制度

成本会计制度是组织和从事成本会计工作所必须遵循的规范和具体依据。因此，正确地制定和执行成本会计制度是做好成本会计工作的重要条件。企业成本会计制度要以会计准则、财务通则和财务会计制度的有关规定为依据。制定和执行成本会计制度，可以使企业的成本会计工作有效地贯彻执行国家的有关方针、政策，保证成本会计资料的真实、规范、及时和有用性。

成本会计制度既要满足企业成本管理和生产经营管理的要求，又要满足国家宏观经济管理的要求；还应适应简化手续，力求做到简明实用，便于贯彻执行，并节约成本会计工作的人力和费用。各行业企业由于生产经营的特点和管理要求不同，所制定的成本会计制度有所不同，其基本内容一般包括以下10个方面：

(1) 关于成本会计工作的组织分工及职责权限。

(2) 关于成本定额、成本预算和计划的编制方法。

(3) 关于存货的收发领退和盘存制度。

(4) 关于成本核算的原始记录和凭证传递流程。

(5) 关于成本核算的规定，包括成本计算对象和成本计算方法的确定，成本核算账户和成本项目的设置，生产费用归集与分配的方法，在产品计价方法等。

(6) 关于成本预测的制度，包括预测的资料收集要求，一般方法与必要程序等。

(7) 关于成本控制的制度，包括有关原始凭证的审核办法，有关成本费用的开支标准和审批权限，成本差异的计算与分析，差异信息的反馈程序与时间限制，控制成本业绩的考核与奖惩办法等。

(8) 关于成本分析的制度，包括成本的一般方法、指标种类及计算口径等。

(9) 关于成本报表的制度，包括成本报表的种类、格式、编制方法、传递程序、报送日期等。

(10) 关于企业内部劳务、半成品、材料转移价格的制定和转账结算的方法。

同步测试题

一、单项选择题

1. 成本会计最基础的职能是(　　)。

A. 成本分析　　B. 成本核算　　C. 成本控制　　D. 成本决策

2. 大中型企业的成本会计工作一般采取(　　)。

A. 集中工作方式　　B. 统一领导方式

C. 分散工作方式　　D. 会计岗位责任制

3. 按照马克思的劳动价值学说，理论成本是产品价值中(　　)的货币表现。

A. C　　B. $C+V$　　C. $C+V+M$　　D. $C+M$

4. 产品成本是指企业生产一定种类、一定数量的产品所支出的各项(　　)。

A. 生产费用之和　　B. 生产经营管理费用总和

C. 经营管理费用总和　　D. 料、工、费及经营费用总和

5. 根据成本决策所制定的目标成本，具体规定在计划期内为完成生产任务所需支出的成本、费用，确定各种产品的成本水平，并提出为达到目标成本水平所应采取的各种措施是(　　)。

A. 成本计划　　B. 成本控制　　C. 成本决策　　D. 成本分析

二、多项选择题

1. 一般来说，企业应根据本单位(　　)等具体情况与条件来组织成本会计工作。

A. 生产规模的大小　　B. 生产经营业务的特点　　C. 成本计算方法

D. 企业机构的设置　　E. 成本管理的要求

2. 成本会计的职能包括(　　)。

A. 成本预测、决策　　B. 成本核算、分析　　C. 成本计划

D. 成本控制　　E. 成本考核

3. 成本会计机构内部的组织分工有(　　)。

A. 按成本会计的职能分工　　B. 按成本会计的对象分工　　C. 集中工作方式

D. 分散工作方式　　E. 统一工作方式

4. 成本的主要作用体现为(　　)。

A. 补偿生产耗费的尺度

B. 综合反映企业工作质量的重要指标

C. 企业对外报告的主要内容

D. 制定产品价格的重要因素和进行生产经营决策的重要依据

5. 成本的经济实质是(　　)。

A. 已耗费生产资料的转移价值　　B. 劳动者为自己劳动创造的价值

C. 劳动者为社会劳动创造的价值　　D. 企业在生产过程中耗费的价值

6. 成本会计的内容有(　　)。

A. 成本预测和计划　　B. 成本核算和控制　　C. 成本分析

D. 成本考核　　E. 成本决策

三、判断题

1. 成本的经济实质是企业在生产经营过程中所耗费的资金的总和。(　　)

2. 成本预测和计划是成本会计最基本的任务。(　　)

3. 成本会计的对象，概括地讲，就是产品的生产成本。(　　)

4. 以已经发生的各项费用为依据，为经济管理提供真实的、可以验证的成本信息资料，是成本会计反映职能的基本方面。(　　)

5. 制定和修订定额，只是为了进行成本审核，与成本计算没有关系。(　　)

6. 产品生产成本是企业为生产产品而发生的各种耗费，包括管理费用、销售费用和财务费用。(　　)

7. 任何一个会计主体只要发生经济行为，就要发生相应的耗费，在会计上就要核算其成本。(　　)

第 2 章 成本核算的要求和一般程序

学习目标

1. 了解产品成本核算的原则。
2. 理解费用要素的内容和产品成本的构成项目。
3. 掌握产品成本核算的要求、产品成本核算的一般程序。

引　例

明华公司是一家生产防盗门的小企业，共有两个生产车间，其中一车间只生产一种防盗门。小王和小文是两名来厂实习的大学生。小王认为明华公司一车间的成本核算非常简单，既然只有一个产品，那么所有的生产费用都是直接生产费用，不需要进行分配；而小文认为即使只生产一个产品，生产费用中也包括直接生产费用和间接生产费用，但所有的生产费用都是直接计入生产费用，因此不需要进行分配。如果你是这家企业的成本核算人员，你认为谁的说法更准确呢？

2.1 成本核算的原则

成本核算的原则是会计人员在成本核算过程中所应遵循的基本原则，是对企业成本会计工作具有指导和规范作用的成本会计准则。由于在成本核算中，存在着种种不确定的因素，给正确计算企业成本带来了困难。因此，依据成本会计原则进行成本会计工作，对于协调各种成本计算目的，促进成本计算制度化，提高成本信息的可靠性具有重要的意义。成本会计一般应遵循以下几条原则。

1. 历史成本原则

历史成本原则也称实际成本原则。从会计核算的角度来看，由于整个财务会计都是以历史成本作为计量属性的，而成本会计主要是为了正确地反映企业的财务状况和经营成果，所以必须以实际发生的经济资源耗费为依据。它包含3个方面的含义：一是对经营活动中所耗用的原材料、燃料、动力和人工等费用，都要按实际成本计价；二是对固定资产折旧必须按其原始成本和规定的使用年限计算；三是对成本对象要按实际成本计价。

2. 分期核算原则

企业作为一个持续经营的会计主体，其生产经营活动是连续不断进行的。为了取得一定期间所生产产品的成本资料，满足会计信息使用者进行经营管理及相关经营决策的需要，并发挥成本会计的控制作用，企业必须将其生产经营活动划分为若干个相等的成本会计期间，分期地进行成本核算，以便确定各个会计期间的有关存货成本与销货成本。

3. 合法性原则

计入成本的费用，都必须符合国家法律、法令和制度等规定，不符合规定的费用就不能计入成本。例如，根据目前制度规定，企业购置和建造固定资产、购买无形资产以及对外投资，这些经济活动都不是企业日常的经营活动，其支出都属于资本性支出，不应计入成本；又如，企业被没收的财物、各项罚款以及由于自然灾害等原因而发生的非常损失，都不是由于企业日常经营活动而发生的，也不应计入成本；再如管理费用、财务费用和销售费用等应该作为期间费用，与当期的收入配比，不能计入成本。乱计和少计生产费用，都会使成本计算结果不实，从而不利于企业成本管理。因此，每一个企业都应遵守国家关于成本费用开支范围的规定，正确计算成本。

4. 一贯性原则

一贯性原则要求企业所采用的成本计算方法(如存货的计价方法、固定资产的折旧方法、完工产品与在产品成本的划分方法等)应尽量保持前后各期一致，不得随意变更，以保证各个会计期间所提供的成本信息具有可比性。企业在进行成本核算时，一般应根据企业生产的特点和管理要求，选择不同的成本计算方法计算成本。成本计算方法一经确定，没有特殊的情况，不应经常变动。如因特殊情况确需改变原有成本计算方法的，企业应在会计报告中，就改变的原因以及对企业财务状况和经营成果的影响情况等进行披露。

5. 成本—效益原则

在进行成本核算时，所采用的成本计算步骤、费用分配方法、成本计算方法等，都应根据每一企业的具体情况进行选择。由于有些成本信息的获得需花费相当多的成本，所以，在选择成本计算方法时，应遵循成本—效益原则。通过比较提供资料所用的成本与由此而获得的效益，来决定究竟要提供哪些成本信息，并对一些次要的成本费用信息，采用简化的成本核算方法，从而达到以较低的成本获得较高的效益的目的。

问题与思考

某企业存货的计价方法采用的是后进先出法，因新会计准则的颁布取消了这一方法，所以企业会计主管提出应将存货的计价方法修改为先进先出法，但是企业的会计小王认为按照一贯性原则，企业所采用的成本计算方法应保持前后一致，不能变更，否则成本信息就不具有可比性。你认为谁的说法是正确的呢？为什么？

2.2　成本核算的要求

为了做好成本核算工作，充分发挥成本核算的作用，正确、及时地为有关方面提供有用的成本信息，在成本核算中，除了遵循核算原则外，还应符合以下各项要求。

2.2.1　严格遵守国家规定的成本开支范围和费用开支标准

成本开支范围是根据企业在生产过程中的生产费用的不同性质，根据成本的内容以及加强经济核算的要求，由国家统一制定的。企业进行成本核算，首先要根据国家有关的法规和制度，以及企业的成本计划和相应的消耗定额，对企业的各项费用进行审核，看应不应该开支；已经开支的，应不应该计入产品成本。例如，企业为生产产品所发生的各项费用应计入产品成本，企业进行基本建设、购建固定资产及与企业正常生产经营活动无关的营业外支出等费用的支出，不能计入产品成本。

企业严格遵守国家规定的成本开支范围和费用开支标准，既能保证产品成本的真实性，使同类企业以及企业本身不同时期之间的产品成本内容一致，具有分析对比的可能，又能正确计算企业的利润并进行分配。

2.2.2　对费用进行合理的分类

生产费用的分类是正确计算产品成本的重要条件。制造企业在生产经营过程中发生的耗费是多种多样的，为了正确地进行成本核算，满足企业成本管理的要求，应对种类繁多的生产费用按照一定的标准进行分类。

1. 生产费用按经济内容的分类

生产费用按经济内容(性质)划分，可以反映企业在一定时期内耗费了哪些经济资源，数额各是多少，有利于分析和考核各个时期生产费用的结构和支出水平，为企业编制材料采购资金计划提供资料，也为企业和国家计算工业净产值及国民收入提供依据。

生产费用按经济内容(性质)划分，可分为劳动对象、劳动手段和活劳动方面的耗费，统称为制造企业生产费用的三大要素。具体可分为以下各项费用要素：

(1) 外购材料、燃料。指企业为进行生产而耗用的一切从外部购入的原料、主要材料、辅助材料、半成品、包装物、修理用备件、低值易耗品以及各种燃料，包括液体燃料、气体燃料和固体燃料。

(2) 外购动力。指企业为进行生产而耗用的一切从外单位购入的各种动力，如供电局提供的电力、热力等。

(3) 工资。指企业所有应计入制造成本和期间费用的工人和职员的工资。

(4) 计提的职工福利费。指企业按照工资总额的一定比例计提的、用于职工福利方面的支出。

(5) 折旧费与摊销费。指企业按照规定方法计提的固定资产折旧费用，以及无形资产、递延资产的摊销费，但不包括出租固定资产的折旧费。

(6) 利息支出。指企业按规定计入生产费用的借款利息支出减去利息收入后的净额。

(7) 税金。指企业应缴纳并计入管理费用的各种税金，如房产税、印花税、土地使用税、车船使用税等。

(8) 其他支出。指不属于以上各要素的费用支出，如差旅费、办公费、邮电费、租赁费、保险费及诉讼费等。

2. 生产费用按其经济用途的分类

工业企业的生产费用，按其经济用途可分为计入产品成本的生产费用和直接计入当期损益的期间费用两类。为具体反映计入产品成本的生产费用的各种用途，提供产品成本构成情况的资料，计入产品成本的生产费用按其用途不同，还可进一步划分为若干项目，即产品生产成本项目(简称成本项目)。工业企业一般应设置以下几个成本项目：

(1) 原材料也称直接材料，是指企业在生产产品和提供劳务过程中所消耗的直接用于产品生产并构成产品实体的原料、主要材料、外购半成品以及有助于产品形成的辅助材料及其他直接材料等。

(2) 燃料及动力也称直接燃料及动力，是指直接从事产品生产而耗用的各种燃料以及动力费。

(3) 工资及福利费也称直接人工，是指直接从事产品生产人员的工资以及福利费等薪酬。

(4) 制造费用是指企业生产单位为生产产品或提供劳务而发生的，应计入产品或劳务成本但没有专设成本项目的各项生产费用。

企业可根据生产特点和管理要求对上述成本项目做适当调整。对于管理上需要单独反映、控制和考核的费用，以及产品成本中比重较大的费用，应专设成本项目；否则，为了简化核算，不必专设成本项目。

3. 生产费用的其他分类方法

(1) 生产费用按其与工艺过程的关系分类。生产费用按其与工艺过程的关系，可以分为直接生产费用和间接生产费用。直接生产费用是指其发生与产品的生产工艺过程直接相关的生产费用，如产品生产过程中直接耗用的原材料、生产工人的工资和机器设备的折旧费用等。间接生产费用是指其发生与产品的生产工艺过程没有直接关系的生产费用，如机物料消耗、辅助生产工人工资和车间厂房的折旧费用。

(2) 生产费用按其计入产品成本方法的分类。生产费用按其计入产品成本的方法，可分为直接计入费用和间接计入费用。直接计入费用是指费用发生时，就能明确归属于某一成本计算对象，并能直接计入该成本计算对象的费用，如某种产品生产中单独领用的材料，生产工人的计件工资等。间接计入费用简称间接费用，是指费用发生时无法归属于某一成本计算对象，必须先按地点或用途进行归集，然后通过分配间接计入各成本计算对象的费用(一般称为分配计入费用)，如制造费用应先按车间归集，然后采用一定的标准分配给本车间生产的各种产品。

2.2.3 正确划分各种费用界限

为了正确计算产品成本与期间费用，保证成本与费用核算的合法性和合理性，必须正确划分以下5个方面的费用界限。

1. 正确划分生产经营管理费用与非生产经营管理费用界限

企业经济活动是多方面的，费用用途也是多种多样，有的用于生产经营活动，有的则用于非生产经营活动。因而，成本核算时，不能把企业所有的费用支出都计入到成本、费用中，而必须按其用途进行合理的划分，以保证成本费用的真实性、客观性。工业企业在其经济活动中发生的各种耗费，只有用于产品的生产和销售、用于组织和管理生产经营活动，以及用于筹集生产经营资金的各种费用，才应计入生产经营管理费用。而企业的资本性支出，如购置和建造固定资产、购买无形资产、进行对外投资等以及企业的营业外支出，如固定资产盘亏损失、由于非正常原因发生的停工损失和支付的罚款等，都不是由于日常的生产经营活动而发生的，均不应计入生产经营管理费用。企业既不应乱计成本、费用，将不属于生产经营管理的费用列入成本、费用；也不得将应计入成本、费用的生产经营管理费用不计入或少计入。将应列入企业生产经营管理费用的费用不予列入，必将导致企业的成本、费用虚减、利润虚增，使企业生产耗费用得不到必要补偿，影响企业再生产的顺利进行。反之，如果将非生产经营管理费用乱计入生产经营管理费用，必将导致企业的成本、费用虚增，利润虚减，影响企业积累和国家财政收入的实现。

2. 正确划分生产费用和期间费用的界限

工业企业的生产费用是在生产产品过程中发生，并由产品成本负担的费用。生产费用最终都要计入产品的生产成本，但它与产品销售收入相配合，只有在产品销售实现时才形成产品销售成本计入企业的损益，而当月投入生产的产品不一定当月就能完工并实现销售。因此，本月发生的生产费用计入产品生产成本，但并不一定都计入当月损益，月末有的可能形成存货而被称为资产。经营管理费用是企业在经营过程中发生的，与一定期间密切相关的，并直接影响其发生期间的损益，因此，经营管理费用作为期间费用，在其发生时不计入产品成本而直接计入当期损益。正确划分生产费用和期间费用的界限，是保证正确计算产品成本和核算各期损益的基础，因此，在成本核算过程中，企业应以费用是否与产品有关，是否计入产品成本为标准，正确划分生产费用与期间费用的界限。如果混淆两者的界限，就会影响成本计算的正确性，影响当期损益计算的正确性，出现虚假费用、虚假成本、虚假盈亏的现象。

3. 正确划分各个月份的费用界限

成本核算是建立在权责发生制基础上的。因此，为了正确计算产品成本和各月损益，还应将应计入产品成本的生产费用和作为期间费用处理的经营管理费用，在各个月份之间进行划分。在成本核算中，企业应该贯彻权责发生制原则，本月发生应由本月承担的成本、费用都应在本月入账；本月支付，但属于本月和以后各月受益的费用，应分摊计入在本月以及以后各月的费用；本月虽未支付，但本月已受益的成本、费用，应预提计入本月的成本、费用。企业应依据权责发生制原则和费用的受益原则，要防止任意摊提，人为调节各月成本、费用以及各期损益的错误做法。

4. 正确划分各种产品的费用界限

在生产多种产品的企业，为了分析和考核各种产品成本计划或成本定额的执行情况，还应针对当月发生的应计入成本的各项生产费用，按照受益原则分别计入各种产品的成本。属于某种产品单独发生，能够直接计入该种产品成本的生产费用，应该直接计入该种产品的成本；属于几种产品共同发生，不能直接计入某种产品成本的生产费用，则应采用适当的分配方法，分配计入这几种产品成本。要如实反映各种产品的耗费，不能人为地利用改分配标准或其他手段，任意调整各种产品之间的成本，如压低可比产品和亏损产品的成本，抬高不可比产品的盈利产品的成本，以达到虚报成本，掩盖利润的目的。

5. 正确划分完工产品与在产品的费用界限

通过上述费用界限的划分，确定了各种产品本月应负担的生产费用。月末计算某种产品的生产成本时，如果该种产品已全部完工，那么这种产品的各项生产费用之和都应全部计入这种完工产品成本；如果该产品都未完工，就应全部计入该种在产品成本；如果该种产品部分完工部分在产，则要将计入这种产品的累计生产费用，采用适当的分配方法在完工产品与在产品之间合理分配，分别计算完工产品成本和月末在产品成本。要防止任意增减在产品数量，提高或降低在产品成本，人为地调节完工产品成本的错误做法。

综上所述，划分费用界限的过程，也就是成本、费用的核算过程，费用划分的正确与否，是保证成本、费用正确核算的关键，直接影响产品成本计算的准确性，同时，也是检查和评价成本、费用核算工作是否正确合理的重要标准。

问题与思考

某企业5月份有关资料如下：

期初库存原材料10万元，本期购进30万元，期末结存材料15万元，本期领用的原材料全部用于生产产品。

工资薪酬总额为18万元，其中生产工人薪酬10万元，车间管理人员薪酬2万元，厂部管理人员薪酬4万元，销售人员薪酬2万元。

当月购入固定资产一台，价值8万元。

厂部办公楼折旧4万元，生产设备折旧1万元。

支付贷款利息8 000元。

支付税收滞纳金5 000元。

请问该企业5月份生产费用和期间费用分别是多少？

2.2.4　正确确定财产物资的计价和价值结转的方法

工业企业拥有的财产物资，绝大部分是生产资料，其价值要随着经营活动过程中的使用消耗，转移到成本、费用中去。因此，这些财产物质的计价和价值结转的方法，也会影响成本、费用的水平。如存货计价是采用先进先出法还是加权平均法，固定资产折旧是采用使用年限平均法还是加速折旧法等，不同的财产物资的计价和价值结转的方法会给企业带来不同的核算结果。因此，财产物资的计价和价值结转方法也是影响成本计算准确性的一个重要因素。对于这些财产物资的计价和价值结转的方法应既合理又简便。国家有统一规定的，应采用国家统一规定的方法，而且方法一经确定，必须保持相对稳定。要注意防止任意改变财产物资计价和价值结转的方法，借以人为调节成本和费用的情况。

2.2.5 做好成本核算的基础工作

为了加强成本管理，正确计算成本费用，必须做好以下各项基础工作。

1. 建立健全原始记录制度

原始记录是企业在生产经营活动发生时，记录经济业务实际发生情况的书面凭证，是进行成本核算的基础。凡是原材料的领退、工时和动力的耗费、费用的支出等，都必须认真、准确地登记原始记录。原始记录不正确就不能如实反映生产经营过程中的消耗，成本、费用的计算必然失真，成本、费用的预测、决策、计划、控制、监督、分析就无从谈起。因此，企业必须认真制定既符合其生产特点和管理要求，又简明适用的原始记录制度，使成本、费用计算做到真实可靠。

2. 建立健全定额管理制度

定额是企业进行生产经营活动中，对人力、物力、财力的配备、利用和消耗以及获得的成果等方面所应遵循的标准或应达到的水平。先进、合理的定额为及时控制各项材料、工时、动力、费用等消耗提供了依据，也为编制成本、费用计划确定了标准。与成本、费用有关的定额主要有材料消耗定额、费用定额、劳动定额、工时定额、产量定额等。定额的制定既要先进又要切实可行，同时，随着环境的变化，定额也要随之修订，这样才能使之有效地发挥作用。

3. 建立健全材料物资的计量、收发、领退和盘点制度

在企业生产经营过程中，对各项财产物资的投入和取得，都必须进行准确的计量和验收。可以说，建立健全材料物资的计量、收发、领退和盘点制度，不仅是正确计算成本的必要条件，而且也是加强物资管理、资金管理的有效措施。企业要根据所消耗的各种材料物资的物理性能配备必要的度、量、衡器具，并经常对其进行维修和校正，以保证计量准确。对材料物质的收发、领退，半成品的内部转移和产成品的入库等，都要认真计量，填制必要的凭证，以及办理必要的手续。

4. 建立健全内部结算制度

为了分清企业内部各单位的经济责任，简化和加速成本费用的核算工作，对财产物质的内部流转以及相互提供劳务等，应制定厂内计划价格，作为内部结算的依据和考核的标准。内部结算价格应尽可能接近实际并相对稳定，年度内一般不作变动。内部结算价格是内部结算制度的主要方面，另外还包括内部结算方式、内部结算货币等。

2.2.6 根据生产特点和管理要求选择适当的成本计算方法

成本核算是为了满足企业成本管理的需要。因此，企业在进行成本核算时，应根据本企业的生产特点和管理要求，选择适合的成本计算方法进行成本计算。生产特点包括生产组织特点和工艺过程特点。计算产品成本是为了加强成本管理，对管理要求不同的产品，也应该采用不同的成本计算方法。

2.3 成本核算的一般程序

成本核算的一般程序是指对企业在生产经营过程中发生的各项生产费用和期间费用，按照成

本核算的要求，逐步进行归集和分配，最后计算出各种产品的生产成本和各项期间费用的基本过程。成本流程就是对生产过程中发生的各项要素费用，按经济用途归类计入产品成本的过程。根据前述的成本核算要求和生产费用、期间费用的分类，可将成本核算的一般程序归纳如下：

(1) 根据成本开支范围规定，审核生产费用支出。根据成本开支范围的规定，对各项费用支出进行严格审核，确定应计入产品成本的费用和不应计入产品成本的期间费用。

(2) 编制要素费用分配表。对生产中产品所耗用的材料，可以根据领料凭证编制材料费用分配表，发生的人工费用，可根据产量通知单等产量工时记录凭证编制工资费用分配表等。凡是能直接计入成本计算对象的费用，根据各要素费用分配表可直接计入“基本生产成本”、“辅助生产成本”账户及有关明细账户。不能直接计入成本计算对象的费用，先进行归集，计入“制造费用”账户及其有关明细账户。

(3) 辅助生产费用的归集和分配。归集在“辅助生产成本”账户及其明细账户的费用，除对完工入库的自制工具等产品的成本转为存货成本外，应按受益对象和所耗用的劳务数量，编制辅助生产费用分配表，据以登记“基本生产成本”、“制造费用”等账户及有关明细账户。

(4) 制造费用的归集和分配。各基本生产车间的制造费用归集后，应分别不同车间，于月终编制制造费用分配表，分配计入本车间的产品成本中，计入“基本生产成本”账户及其明细账户。

(5) 完工产品成本的确定和结转。经过以上费用分配，各成本计算对象应负担的生产费用已全部计入有关的产品成本明细账。如果当月产品全部完工，所归集的生产费用即为完工产品成本；如果全部未完工，则为期末在产品成本；如果只有部分完工，则需要采用一定的方法在完工产品与期末在产品之间进行分配，以确定本期完工产品成本，并将完工验收入库的产成品成本从“基本生产成本”账户及其明细账户结转至“库存商品”账户及有关明细账户。

问题与思考

对于月末既有完工产品又有在产品的产品，是否需要将该种产品的生产费用(月初在产品生产费用与本月生产费用之和)在完工产品与月末在产品之间进行分配?

2.4　成本核算的账户设置及账务处理程序

为了将生产费用计入各成本计算对象，计算出各成本计算对象的产品成本，有必要建立一个完整的账户体系。

2.4.1　成本核算账户的设置

为了核算产品成本，要设置“生产成本”一级账户。为了分别核算基本生产成本和辅助生产成本，还应在该一级账户下，分别设置“基本生产成本”和“辅助生产成本”两个二级账户。为了简化会计核算手续，企业根据需要，也可以将“生产成本”账户分设为“基本生产成本”和“辅助生产成本”两个一级账户。本书是按分设两个一级账户“基本生产成本”和“辅助生产成本”进行阐述的。

1. “基本生产成本”总账账户及其明细账的设立

基本生产是指企业为完成其主要生产目的而进行的产品生产。“基本生产成本”总账账户是为了归集基本生产过程中所发生的各项生产费用和计算基本生产产品成本而设立的。“基本生产成本”借方登记为进行基本生产所发生的各项费用；贷方登记完工入库的产品成本；余额为月末在产品成本。该账户应按产品品种等成本计算对象分设产品成本明细账(或产品成本计算单)。账内按成本项目分设专栏(或专行)，用来登记各该产品的月初在产品成本、本月生产费用、本月完工产品成本和月末在产品成本，其格式见表2-1和表2-2。

表2-1 基本生产成本明细账

车间名称：一车间　　产品名称：甲产品　　金额单位：元

月	日	摘要	产量/件	成本项目			成本合计
				直接材料	直接人工	制造费用	
5	1	月初在产品成本		38 000	5 000	6 000	49 000
5	31	本月生产费用		92 000	11 000	14 000	117 000
5	31	生产费用累计		130 000	16 000	20 000	166 000
5	31	本月完工产品成本		77 000	8 500	11 400	96 900
5	31	完工产品单位成本	500	154	17	22.8	193.8
5	31	月末在产品成本		53 000	7 500	8 600	69 100

表2-2 基本生产成本明细账

车间名称：一车间　××年5月　产品名称：甲产品　产量：500件　金额单位：元

成本项目	月初在产品成本	本月生产费用	生产费用累计	本月完工产品成本		月末在产品成本
				总成本	单位成本	
直接材料	38 000	9 2000	130 000	77 000	154	53 000
直接人工	5 000	11 000	16 000	8 500	17	7 500
制造费用	6 000	14 000	20 000	11 400	22.8	8 600
合　计	49 000	117 000	166 000	96 900	193.8	69 100

上述基本生产成本明细账中虽然没有标注借方、贷方和余额，但其基本结构不外乎这3个部分：月初在产品成本系上月所记，为月初借方余额；本月生产费用为本月借方发生额，根据本月各种费用分配表登记(具体登记方法见第3章、第4章和第5章相关内容)；本月完工产品成本为贷方发生额，月末在产品成本为月末借方余额，这两项费用根据完工产品与月末在产品成本的分配方法分配登记(具体见第7章相关内容)。

2. “辅助生产成本”总账账户及其明细账的设立

辅助生产指主要为基本生产车间、企业行政管理部门等单位服务而进行的产品生产和劳务供应，例如，工具、模具、修理用备件等产品的生产和修理、运输、供电、供水等劳务的供应等。辅助生产提供的产品生产和劳务供应有时也对外销售和服务，但这不是它的主要目的。为了归集辅助生产部门所发生的辅助生产费用，应设置“辅助生产成本”或“生产成本——辅助生产成本”科目，按辅助生产车间及其生产的产品、劳务的种类进行明细核算(即辅助生产费用明细账)。

日常发生的各种辅助生产费用，在“辅助生产成本”科目的借方进行归集。需要说明的是，辅助生产车间发生的制造费用，可以直接在“辅助生产成本”科目的借方归集；也可以通过“制造费用”科目进行，月末再结转到“辅助生产成本”科目的借方。“辅助生产成本”科目的贷方登记完工入库产品的成本和分配转出的劳务费用，期末如有余额在借方，表示辅助生产在产品的成本。该账户应按照辅助生产车间和生产的产品、劳务分设明细账，账中按辅助生产的成本项目或费用项目分设专栏或专行进行明细登记。

另外，为了归集和分配制造费用，应该设立“制造费用”总账账户；为了归集和结转销售费用、管理费用和财务费用，应该分别设立“销售费用”、“管理费用”和“财务费用”总账账户；企业如果单独核算废品损失和停工损失，还可以增设“废品损失”、“停工损失”总账账户等。

2.4.2 产品成本核算的账务处理程序

成本核算的账务处理程序，实质上表现为整个产品成本形成过程的会计核算步骤，内容非常广泛，因而，需要在讲述成本核算时具体阐述。在讲述成本核算之前，应对成本核算的一般程序先有一个总括的了解，图 2.1 所示为账务处理程序。

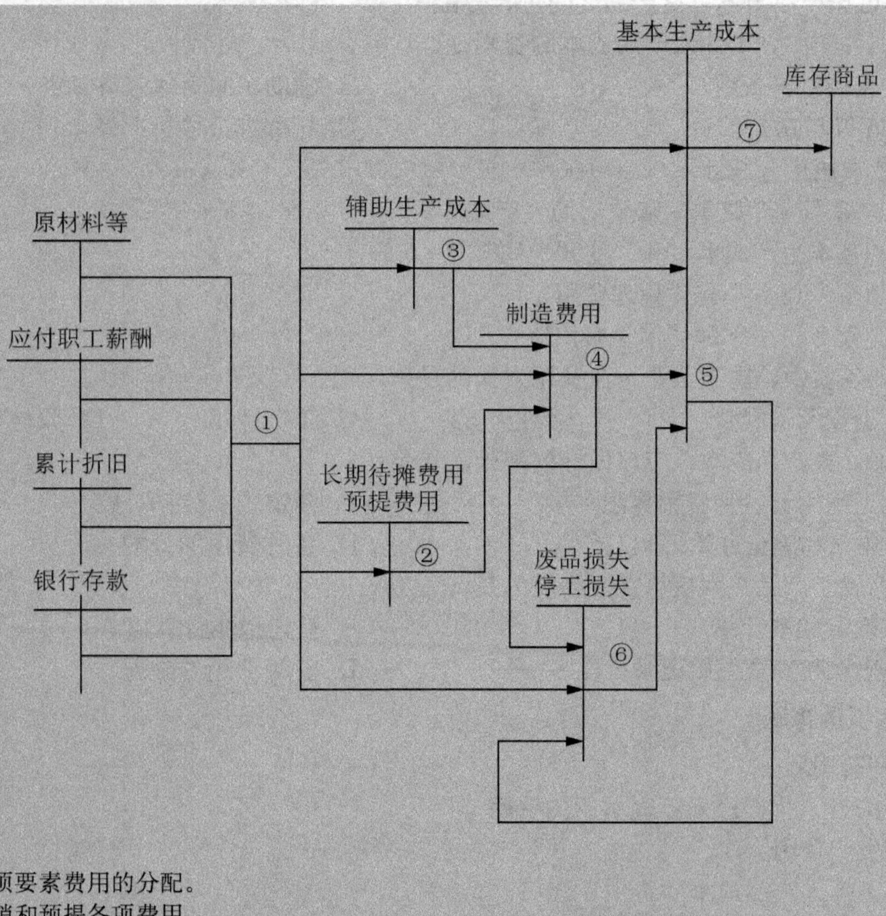

说明：
① 各项要素费用的分配。
② 摊销和预提各项费用。
③ 分配辅助生产费用。
④ 分配制造费用。
⑤ 结转不可修复废品成本。
⑥ 分配废品损失和停工损失。
⑦ 结转完工产品成本。

图 2.1 产品成本核算的账务处理程序图

同步测试题

一、单项选择题

1. 下列各项中，属于产品生产成本项目的是(　　)。
   A. 外购动力费用　　B. 制造费用　　C. 工资费用　　D. 折旧费用
2. 为了保证按每个成本计算对象正确地归集应负担的费用，必须将应由本期产品负担的生产费用正确地在(　　)。
   A. 各种产品之间进行分配
   B. 完工产品和在产品之间进行分配
   C. 盈利产品与亏损产品之间进行分配
   D. 可比产品与不可比产品之间进行分配
3. 下列各项中，不计入产品成本的费用是(　　)。
   A. 直接材料费用　　B. 辅助车间管理人员工资
   C. 车间厂房折旧费　　D. 厂部办公楼折旧费
4. 制造费用应分配计入(　　)账户。
   A. “基本生产成本”和“辅助生产成本”
   B. “基本生产成本”和“期间费用”
   C. “生产成本”和“管理费用”
   D. “财务费用”和“销售费用”
5. 下列各项中，属于工业企业费用要素的是(　　)。
   A. 工资及福利费　　B. 燃料及动力　　C. 工资费用　　D. 原材料
6. 正确计算产品成本，应该做好的基础工作是(　　)。
   A. 正确划分各种费用界限　　B. 确定成本计算对象
   C. 建立和健全原始记录工作　　D. 各种费用的分配
7. 下列属于产品成本核算首要程序的是(　　)。
   A. 确定成本计算期　　B. 确定成本计算对象
   C. 建立和健全原始记录工作　　D. 各种费用的分配

二、多项选择题

1. 管理费用属于(　　)。
   A. 应计入生产经营管理费用的费用
   B. 生产费用
   C. 不计入产品成本的费用
   D. 同产品的生产没有直接关系，但与发生的期间相配比，直接扣减当期收益的费用
2. 下列各项中，不属于产品生产成本项目的是(　　)。
   A. 外购动力　　B. 工资费用　　C. 折旧费
   D. 直接材料　　E. 燃料及动力
3. 下列属于按经济用途分类的费用项目有(　　)。
   A. 制造费用　　B. 固定费用　　C. 直接材料　　D. 间接费用

4. 间接费用包括(　　)。

A. 折旧费用　　B. 机物料消耗

C. 车间管理人员工资　　D. 行政管理人员工资

5. 属于制造业费用要素的有(　　)。

A. 直接材料　　B. 职工福利费

C. 利息净支出　　D. 外购动力

6. 为了正确计算产品成本，在费用界限划分过程应贯彻的原则是(　　)。

A. 成本效益原则　　B. 受益原则

C. 收付实现制原则　　D. 负担费用多少与受益程度成正比原则

E. 一致性原则

7. 工业企业成本核算的一般程序包括(　　)。

A. 对企业的各项支出、费用进行严格的审核和控制

B. 正确划分各个月份的费用界限，正确核算待摊费用和预提费用

C. 将生产费用在各种产品之间进行分配和归集

D. 将生产费用在本月完工产品与月末在产品之间进行分配和归集

E. 做好定额的制定和修订工作

三、判断题

1. “辅助生产成本”科目期末应无余额。(　　)

2. 生产工人工资和福利费是产品成本项目。(　　)

3. 直接生产费用既可能是直接计入费用，也可能是间接计入费用。(　　)

4. 为了尽可能地符合实际情况，厂内价格应该在年度内经常变动。(　　)

5. “基本生产成本”科目应该按成本计算对象设置明细分类账，账内按成本项目分设专栏或专行。(　　)

6. 企业生产经营的原始记录，是进行成本预测、编制成本计划、进行成本核算的依据。(　　)

7. 为了正确计算产品成本，应该也可能绝对正确地划分完工产品与在产品的费用界限。(　　)

第3章 要素的归集和分配

学习目标

1. 了解各费用要素归集与分配的关系。
2. 理解有关费用各种分配方法的优缺点和适用范围。
3. 掌握各要素的分配方法和费用分配表的编制方法。

引 例

华辰公司是一家以加工木材为主的民营中小企业，该公司只有一个生产车间，主要生产门和窗，因为公司较小，分工不细，所以一方面在领木材时基本上从不区分是用于门还是用于窗的生产，另一方面生产工人经常相互替换作业。如果你是这家公司的会计人员，你将如何分配门和窗这两种产品所耗用的材料费和人工费？材料费和人工费在分配时能否采用相同的分配标准？

3.1　材料成本的归集和分配

材料成本包括企业生产经营过程中耗费的原材料、辅助材料、外购半成品、燃料、低值易耗品和包装物等而发生的费用。材料费用的分配，就是按照材料用途把费用计入成本计算对象中去。凡属产品生产直接耗用的材料费用应尽可能直接计入有关产品的成本，直接计入“基本生产成本”账户的“直接材料”成本项目；凡是几种产品共同耗用的材料费用，在领用时无法确定每种产品的耗用量，则需要按照一定的标准在各种产品之间进行分配，然后分别计入各有关产品的“直接材料”成本项目。对于生产车间中几种产品共同耗用的辅助材料、机物料等，不能视为直接材料费用，对这部分费用，先按照发生地点归集，列为综合性的制造费用，再分配计入有关产品成本。

3.1.1　原材料费用的归集和分配

原材料费用分配的关键是选择分配标准，一般可以按照产品的重量、体积分配，在材料消耗定额比较准确的情况下，原材料费用可以按照产品的材料定额消耗量的比例或材料定额费用的比例分配。

1. *材料定额耗用量比例法*

实用材料定额耗用量比例法计算分配的步骤如下：

(1) 计算各种产品原材料定额消耗量。

(2) 计算单位原材料定额消耗量应分配原材料实际消耗量(即原材料消耗量分配率)。

(3) 计算出各种产品应分配的原材料实际消耗量。

(4) 计算出各种产品应分配的原材料实际费用。

具体计算公式为：

某种产品原材料定额消耗量＝该种产品实际产量×单位产品原材料定额消耗量

原材料消耗量分配率＝原材料实际消耗总量÷各种产品原材料定额消耗量之和

某种产品应分配的原材料实际消耗量＝该种产品的原材料定额消耗量×原材料消耗量分配率

某种产品应分配的实际原材料费用＝该种产品应分配的原材料实际消耗量×材料单价

【例3-1】 某企业生产甲、乙两种产品，共同耗用某种原材料，耗用量无法按产品划分。单件产品原材料消耗定额：甲产品30千克，乙产品24千克。产量：甲产品200件，乙产品100件。甲、乙两种产品发生原材料共计21 000千克，每千克10元。

要求：按原材料定额消耗量比例分配计算甲、乙产品的原材料费用。

甲产品原材料定额消耗量＝30×200＝6 000(千克)

乙产品原材料定额消耗量＝24×100＝2 400(千克)

原材料耗用量分配率＝21 000÷(6 000＋2 400)＝2.5

甲产品应分配的原材料数量＝2.5×6 000＝15 000(千克)

乙产品应分配的原材料数量＝2.5×2 400＝6 000(千克)

甲产品应分配的材料费用＝15 000×10＝150 000(元)

乙产品应分配的材料费用＝6 000×10＝60 000(元)

2. 材料定额费用比例法

实用材料定额共用比例法计算分配的步骤如下：

(1) 计算各种产品原材料定额费用。

(2) 计算单位原材料定额费用应分配原材料实际费用(即原材料费用分配率)。

(3) 计算出各种产品应分配的原材料实际费用。

具体计算公式为：

某种产品原材料定额费用＝该种产品实际产量×单位产品原材料费用定额

原材料费用分配率＝各种产品原材料实际费用总额÷各种产品原材料定额费用总额

某种产品应分配的实际原材料费用＝该种产品原材料定额费用×原材料费用分配率

企业在生产活动中耗用的材料费用，是根据领退料凭证，按照材料的用途归集和分配的。对于应计入产品成本的工业生产用料，应按照产品品种和成本项目归集和分配；用于构成产品实体的原料及主要材料和有助于产品形成的辅助材料，计入“基本生产成本”账户及所属明细账的“直接材料”项目；用于生产的燃料，计入“基本生产成本”账户及其所属明细账“燃料和动力”项目；用于维护生产设备和管理生产的各种材料，先在“制造费用”账户予以归集，然后分配转入“基本生产成本”账户及其所属明细账的“制造费用”项目。对于不应计入产品成本而属于期间费用的材料费用，应计入“管理费用”、“销售费用”账户；对于用于购建固定资产、其他资产方面的材料费用，应计入有关的资产价值，不得列入产品成本或期间费用。

在实际工作中，材料费用的分配一般是通过材料费用分配表进行的，这种分配表应该按照材料的用途和材料的类别，根据归类后的凭证编制。如果材料按计划成本核算，还应分配材料成本差异。

【例 3-2】 文华公司××年 8 月份发料情况见表 3-1。

表 3-1　发出材料明细表

××年 8 月　　　　　　　　　　　　　　　　　　　　　　　　金额单位：元

材料类型	发料数量	单位成本	用　　途
原材料	200 千克	600	甲产品生产用
原材料	126 千克	1 000	甲乙两种产品公用
燃料	120 千克	60	锅炉车间 100 千克，机修车间 20 千克
燃料	20 千克	60	基本生产车间用
燃料	10 千克	60	管理部门用
辅助材料	200 千克	40	基本生产车间用
修理用备件	50 只	6	基本车间修理用

该企业投产甲产品 140 件、乙产品 140 件，单耗原材料定额分别为 2.5 千克、3.5 千克，据此编制的原材料费用分配表见表 3-2。

表 3-2　原材料费用分配表

××年 8 月　　　　金额单位：元

应借账户		成本或费用项目	间接计入			直接计入	合　计
			耗用材料/千克	分配率	分配额		
基本生产成本	甲产品	直接材料	350		52 500	120 000	172 500
	乙产品	直接材料	490		73 500		73 500
	小计		840	150	126 000		246 000
辅助生产成本	锅炉车间	材料费				6 000	6 000
	机修车间	材料费				1 200	1 200
	小计					7 200	7 200
制造费用	基本生产车间	修理费				300	300
		机物料消耗				9 200	9 200
		小计				9 500	9 500
管理费用		机物料消耗				600	600
合计					126 000	137 300	263 300

根据材料费用分配表编制会计分录，据以登记有关的总账和明细账。会计分录如下：

借：基本生产成本——甲产品　　172 500
　　　　　　　　——乙产品　　73 500
　　辅助生产成本——锅炉车间　　6 000
　　　　　　　　——机修车间　　1 200
　　制造费用　　9 500
　　管理费用　　600
　　贷：原材料　　263 300

问题与思考

某企业本月生产 A 产品 25 台，B 产品 40 台，C 产品 50 台。共同耗用甲材料 3 672 千克，甲材料单价 5 元。3 种产品单位材料消耗量分别是 60 千克、40 千克和 10 千克。请根据以上材料，采用“材料定额消耗量比例法”分配甲材料费用，并编制相应的会计分录。

3.1.2　燃料费用的分配核算

燃料也属于材料，假如企业在生产产品的过程中消耗的燃料数量较多，可以单独设置“燃料”总账科目，并在产品成本明细账中单独设置“燃料及动力”成本项目，用以归集和分配所发生的燃料费用。假如所消耗的燃料数量不多，可以将燃料并入“原材料”账户核算。

和材料费用一样，燃料费用也是按用途进行分配的：直接用于产品生产的材料费用计入各种产品成本明细账的“燃料及动力”成本项目，假如是生产一种产品发生的材料费用，可直接计入该产品成本明细账的“燃料及动力”成本项目，此时的燃料费用属于直接计入费用。假如是生产几种产品共同发生的燃料费用，可分配计入各种产品成本明细账的“燃料及动力”成本项目，此时的材料费用属于间接计入费用。

间接计入的燃料费用在各种产品之间的分配可以采用燃料定额耗用量分配法、燃料定额费用分配法、重量比例分配法、实际产量分配法、产品体积分配法等。

【例 3-3】 文华公司××年 8 月份生产的甲、乙两种产品本月共发生燃料费用 40 000 元，共生产甲产品 2 000 件、乙产品 6 000 件，甲产品燃料费用定额为 8 元，乙产品燃料费用定额为 4 元。

按燃料定额费用分配计算甲、乙产品应负担的燃料费用如下：

(1) 燃料费用分配率＝40 000÷(2 000×8＋6 000×4)＝1

(2) 甲产品应分摊的燃料费用＝2 000×8×1＝16 000(元)

(3) 乙产品应分摊的燃料费用＝6 000×4×1＝24 000(元)

另外，辅助生产车间耗用燃料 3 800 元，其中锅炉车间耗用 2 800 元，机修车间耗用 1 000元，据此编制的燃料费用分配表见表 3-3。

表 3-3 燃料费用分配表

××年 8 月　　　　金额单位：元

应借账户		成本或费用项目	间接计入			直接计入	合　计
			耗用材料/千克	分配率	分配额		
基本生产成本	甲产品	燃料及动力	16 000		16 000		16 000
	乙产品	燃料及动力	24 000		24 000		24 000
	小计		40 000	1	40 000		40 000
辅助生产成本	锅炉车间	燃料				2 800	2 800
	机修车间	燃料				1 000	1 000
	小计					3 800	3 800
合计					40 000	3 800	43 800

根据材料费用分配表编制会计分录，据以登记有关的总账和明细账。会计分录如下：

借：基本生产成本——甲产品　16 000
　　　　　　　　——乙产品　24 000
　　辅助生产成本——锅炉车间　2 800
　　　　　　　　——机修车间　1 000
　　贷：燃料　43 800

3.1.3 低值易耗品费用的分配核算

低值易耗品是指不作为固定资产核算的各种用具物品，如工具、管理用具、玻璃器皿以及在经营过程中周转使用的包装容器等。低值易耗品在使用过程中价值会逐渐减少，这减少的价值应根据其预计的使用期采用摊销的方法计入有关成本费用账户。

1. 一次摊销法

采用这种方法是在低值易耗品领用时，将其价值一次转作生产费用或有关支出，计入当期损益，作为当期收入的抵减数。这是一种简便的核算方法，低值易耗品的价值是在使用过程中逐渐消耗的，并不是使用一次就消耗了全部价值。因此，一次摊销法适用于单位价值较低或使用期限较短、容易损坏、破碎，而且一次领用不多的低值易耗品。正因为它的价值较低，数量不多，所以一次全部计入当期的成本费用也不会对本期的利润造成太大的影响。

2. 五五摊销法

采用这种方法在领用时按低值易耗品价值的50%进行摊销，报废时，摊销其余的50%价值；然后再注销在用低值易耗品的价值和已摊销的低值易耗品摊销额。五五摊销法需设置在库低值易耗品、在用低值易耗品、低值易耗品摊销3个明细科目。

【例3-4】 某企业采用五五摊销法对在用低值易耗品进行核算。某车间领用库存新低值易耗品一批，实际成本为2 000元。

领取低值易耗品时，作会计分录：

借：周转材料——低值易耗品——在用低值易耗品　　2 000

　　贷：周转材料——低值易耗品——在库低值易耗品　　2 000

在领取时摊销价值的50%时，作会计分录：

借：制造费用　　1 000

　　贷：周转材料——低值易耗品——低值易耗品摊销　　1 000

【例3-5】 某车间本月报废工具一批，实际成本800元，报废回收残料作价40元。

报废工具残料交库存后，根据收料凭证作会计分录。

借：原材料　　40

　　制造费用　　360

　　贷：周转材料——低值易耗品——低值易耗品摊销　　400

要注销在用低值易耗品的成本和摊销额，作会计分录：

借：周转材料——低值易耗品——低值易耗品摊销　　800

　　贷：周转材料——低值易耗品——在用低值易耗品　　800

企业应根据不同低值易耗品的具体特点选用适当的摊销方法，以客观地反映产品成本。在实际工作中，低值易耗品费用的分配也可通过编制低值易耗品分配表进行。

【例3-6】 文华公司××年8月份生产甲产品领用专用工具一批，价值800元，采用一次摊销法，基本生产车间报废生产工具一批，价值3 000元，残值收入100元，采用五五摊销法，锅炉车间领用劳保用品500元，机修车间领用劳保用品200元，采用一次摊销法，据此编制的低值易耗品费用分配表见表3-4。

表3-4 低值易耗品费用分配表

××年8月　　　　金额单位：元

应借账户		成本或费用项目	摊销方法	领用额	报废额	残值	摊销额
基本生产成本	甲产品	直接材料	一次摊销法	800			800
辅助生产成本	锅炉车间	机物料消耗	一次摊销法	878			878
	机修车间	机物料消耗	一次摊销法	383			383
	小计						1 261
制造费用	基本生产车间	低值易耗品摊销	五五摊销法	3 000	1 500	100	1 400
合　计							3 461

根据低值易耗品费用分配表编制会计分录，据以登记有关的总账和明细账。会计分录如下：

借：基本生产成本——甲产品	800
辅助生产成本——锅炉车间	878
——机修车间	383
制造费用	1 400
原材料	100
贷：周转材料——低值易耗品	3 561

问题与思考

某企业采用五五摊销法对低值易耗品进行核算，5月份领用一批账面价值40 000元的低值易耗品用于生产A产品，同时车间报废一批价值3 000元的工具，残料回收入库，价值50元。请编制相关的会计分录。

3.1.4 包装物费用的分配核算

包装物是指为包装产品而储备的各种包装容器，如桶、箱、瓶、坛、袋等用于储存和保管产品的材料。包装物费用需区别不同使用方式进行分配：生产领用包装物，应计入“基本生产成本”账户；随同包装产品出售的，如不单独计价则计入“销售费用”账户，如单独计价计入“其他业务成本”账户。

3.2 外购动力费用核算

外购动力费用是指企业在生产经营、管理过程中耗用的从外部购进的各种动力，本企业自产的动力不包括在内。

外购动力费用应按用途和使用部门分配，在有仪表记录的情况下，应根据仪表所示耗用动力的数量以及动力的单价计算；在没有仪表的情况下，可按生产工时比例、机器工时比例、定额耗电量比例分配。

外购动力费用分配时，可编制动力费用分配表，据以进行明细核算和总分类核算。直接用于产品生产的动力费用，列入“燃料和动力”成本项目，计入“基本生产成本”科目及其明细账；属于照明、取暖等用途的动力费用，则按其使用部门分别计入“制造费用”、“管理费用”等科目。

【例3-7】 文华公司××年8月份耗用外购电力费用共72 500度，每度电1.2元。其中，基本生产车间生产甲、乙产品耗电40 000度，锅炉车间耗电20 000度，机修车间耗电10 000度，基本生产车间照明用电1 000度，管理部门用电1 500度。文华公司对产品生产用电按机器功率时数在两种产品间进行分配，甲乙两种产品的机器功率时数分别为7 000小时和3 000小时。根据上述资料编制的外购动力费用分配表见表3-5。

表 3-5 外购动力费用分配表

××年8月 金额单位：元

应借账户		成本或费用项目	耗用电量分配			每度电费	合 计
			机械时数/小时	分配率	分配量/度		
基本生产成本	甲产品	燃料及动力	7 000		28 000		33 600
	乙产品	燃料及动力	3 000		12 000		14 400
	小计		10 000	4	40 000		48 000
辅助生产成本	锅炉车间	动力费			20 000		24 000
	机修车间	动力费			10 000		12 000
	小计				30 000		36 000
制造费用	基本生产车间	水电费			1 000		1 200
管理费用		水电费			1 500		1 800
合计					72 500	1.2	87 000

根据外购动力费用分配表编制会计分录，据以登记有关的总账和明细账。会计分录如下：

借：基本生产成本——甲产品 33 600
　　　　　　　　——乙产品 14 400
　　辅助生产成本——锅炉车间 24 000
　　　　　　　　——机修车间 12 000
　　制造费用 1 200
　　管理费用 1 800
　　贷：应付账款 87 000

3.3 职工薪酬核算

职工薪酬是指企业为获得职工提供的服务而给予各种形式的报酬以及其他相关支出。职工薪酬不仅包括企业一定时期支付给全体职工的劳动报酬总额，也包括按照工资的一定比例计算并计入成本费用的其他相关支出，具体包括：职工工资、奖金、津贴和补贴；职工福利费；医疗保险费、养老保险费、失业保险费、工伤保险费和生育保险费等社会保险费；住房公积金；工会经费和职工教育经费；非货币性福利；因解除与职工的劳动关系给予的补偿；其他与获得职工提供的服务相关的支出。

3.3.1 工资费用的分配核算

企业将应付给职工的工资，按照职工的工作岗位，分配给有关的受益对象。其中，从事产品生产的工人工资，计入产品的生产成本(即基本生产成本或生产成本科目)；车间管理人员的工资，先计入“制造费用”科目，月末再分配计入产品成本；企业行政管理人员的工资，计入“管理费用”科目，月末结转“本年利润”科目；从事辅助生产的工人工资，计入“辅助生产成本”科目；工程建设人员的工资计入工程成本，即计入“在建工程”科目等。

1. 计时工资形式下的工资分配

在计时工资形式下，如果车间只生产一种产品，则生产该产品的工人工资可直接计入该产品成本；如果车间生产多种产品，则生产工人工资应按一定的分配标准分配计入各种产品成本。通常采用生产工时(实际或定额)作为分配标准。

【例3-8】 假定某企业一车间生产甲、乙两种产品，8月份生产工人的计时工资为185 000元，甲、乙两种产品的工时定时分别为10小时、18小时，8月份两种产品的实际产量分别为200件、300件。

按两种产品定额工时比例分配工资费用如下：

(1) 生产工资分配率＝185 000÷(200×10＋300×18)＝25

(2) 甲产品应负担的工资费用＝200×10×25＝50 000(元)

(3) 乙产品应负担的工资费用＝300×18×25＝135 000(元)

2. 计件工资形式下的工资分配

在计件工资形式下，生产工人的计件工资可直接计入产品成本，而其他工资项目也要按上述办法分配计入各种产品成本。

【例3-9】 文华公司××年8月份为生产甲、乙两种产品支付生产工人工资24 000元，锅炉车间生产工人工资7 800元，机修车间生产工人工资4 600元，基本生产车间管理人员工资6 200元，企业行政管理部门人员工资10 400元。文华公司对生产工人工资按照甲、乙两种产品的生产工时比例进行分配，甲、乙两种产品的生产工时分别为3 200小时和1 800小时。根据上述资料编制的工资费用分配表见表3-6。

表3-6 工资费用分配表

××年8月　　　　　　　　　　　　　　　　　　　　　　　金额单位：元

应借账户		成本或费用项目	间接计入			直接计入	合计
			生产工时	分配率	分配额		
基本生产成本	甲产品	直接人工	3 200		16 000		16 000
	乙产品	直接人工	1 800		9 000		9 000
	小计		5 000	5	25 000		25 000
辅助生产成本	锅炉车间	人工费				7 800	7 800
	机修车间	人工费				4 600	4 600
	小计					12 400	12 400
制造费用	基本生产车间	人工费				6 200	6 200
管理费用		人工费				10 400	10 400
合计					24 000	29 000	54 000

根据工资费用分配表编制会计分录，据以登记有关的总账和明细账。会计分录如下：

借：基本生产成本——甲产品　　　　16 000

　　　　　　　　——乙产品　　　　9 000

辅助生产成本——锅炉车间　　7 800
　　　　　　——机修车间　　4 600
制造费用　　6 200
管理费用　　10 400
贷：应付职工薪酬——工资　　54 000

3.3.2　其他职工薪酬的分配

对于具有明确计提标准的职工福利，企业应当按照规定的计提标准，计量企业承担的职工薪酬义务和计入成本费用的职工薪酬，比如医疗保险费、养老保险费、失业保险费、工伤保险费、生育保险费、住房公积金、工会经费和职工教育经费等；对于国家(包括省、市、自治区政府)相关法律法规没有明确规定计提基础和计提比例的职工薪酬，企业应当根据历史经验数据和自身实际情况，计算确定应付职工薪酬金额和应计入成本费用的薪酬金额。

【例3-10】　承【例3-9】，文华公司××年8月份的职工福利费按照工资总额的14%计提。据此编制的职工福利费用分配表见表3-7。

表3-7　职工福利费用分配表

××年8月　　　　金额单位：元

应借账户		成本或费用项目	工资总额	职工福利费(计提比例14%)
基本生产成本	甲产品	直接人工	16 000	2 240
	乙产品	直接人工	9 000	1 260
	小计		25 000	3 500
辅助生产成本	锅炉车间	福利费	7 800	1 092
	机修车间	福利费	4 600	644
	小计		12 400	1 736
制造费用	基本生产车间	福利费	6 200	868
管理费用		福利费	10 400	1 456
合计			54 000	7 560

根据职工福利费用分配表编制如下会计分录：

借：基本生产成本——甲产品　　2 240
　　　　　　　　——乙产品　　1 260
　　辅助生产成本——锅炉车间　　1 092
　　　　　　　　——机修车间　　644
　　制造费用　　868
　　管理费用　　1 456
　　贷：应付职工薪酬——福利费　　7 560

问题与思考

某企业6月份当月应发工资2 000万元，其中：生产部门直接生产人员工资1 000万元；生产部门管理人员工资200万元；公司管理部门人员工资360万元；公司专设产品销售机构人员工资100万元；建造厂房人员工资220万元；内部开发存货管理系统人员工资120万元。

根据所在地政府规定，公司分别按照职工工资总额的10%、12%、2%和10.5%计提医疗保险费、养老保险费、失业保险费和住房公积金，缴纳给当地社会保险经办机构和住房公积金管理机构。公司内设医务室，根据××年实际发生的职工福利费情况，公司预计下一年应承担的职工福利费义务金额为职工工资总额的2%，职工福利的受益对象为上述所有人员。公司分别按照职工工资总额的2%和15%计提工会经费和职工教育经费。假定公司存货管理系统已处于开发阶段，并符合《企业会计准则第6号——无形资产》资本化为无形资产的条件，请编制相关的会计分录。

3.4 折旧费用的核算

由于折旧费用在产品成本中所占的比重不大，所以一般都把它作为间接费用处理，按它的经济用途和使用地点计入有关的费用。比如：基本生产车间所使用的固定资产折旧费用，应计入“制造费用”明细账中的折旧费项目；辅助生产车间所使用的固定资产折旧费用，应计入“辅助生产费用”明细账有关项目；企业行政部门所使用的固定资产折旧费，应计入“管理费用”明细账中的折旧费项目；销售部门所使用的固定资产折旧费，应计入“销售费用”明细账中的有关项目。

如果企业是生产单一品种的产品，其发生的所有费用则全部都由该种产品承担，成本项目可按费用的经济内容设置。一切费用在这种情况下，都是直接计入费用，所以折旧费用可直接计入“基本生产成本”明细账中的“折旧费”成本项目。

对于现代化技术密集型企业来看，折旧费用在产品成本中所占的比重会越来越大。在这种情况下，折旧费用也可以作为单独的成本项目列示，如果企业、车间只生产一种产品，可将折旧费用直接计入“生产成本”明细账“折旧费”项目；如果企业、车间生产多种产品，则可按机器工时比例将折旧费在各种产品之间进行分配后计入“生产成本”明细账。

而对于车间、部门折旧费用的归集和分配，通常是采用折旧分配表的形式进行的，其格式见表3-8。

【例3-11】 文华公司××年8月份固定资产折旧费用有关资料及各有关部门分配的折旧费用见表3-8。

表3-8 固定资产折旧分配表

××年8月　　　　金额单位：元

应借账户	部　门	上月计提折旧额	上月增加折旧额	上月减少折旧额	本月折旧额
制造费用	基本生产车间	8 000	2 000	1 200	8 800
辅助生产成本	锅炉车间	1 850	160	110	1 900
	机修车间	2 475	100	500	2 075
	小计	4 325	260	610	3 975
管理费用	行政管理部门	2 800	340	140	3 000
合　计		15 125	2 600	1 950	15 775

据此编制会计分录如下：

借：制造费用	8 800	
辅助生产成本——锅炉车间	1 900	
——机修车间	2 075	
管理费用	3 000	
贷：累计折旧		15 775

3.5　其他费用的核算

广义的其他费用是指除了本章以上所述的各成本费用以外的要素费用，具体包括邮电费、租赁费、印刷费、图书报纸杂志资料费、办公用品费、排污费、试验检验费、保险费等。这些费用有的是产品成本的组成部分，有的则应计入期间费用等，其中属于产品成本的组成部分，虽然应计入产品成本，但未专门设置相应的成本项目。因此，在发生这些费用时，应该按照发生的车间、部门和用途进行归类，分别计入“制造费用”、“辅助生产成本”、“管理费用”、“财务费用”以及“销售费用”等科目。

【例3-12】 文华公司××年8月份其他费用资料及分配数额见表3-9。

表3-9　其他费用分配表

××年8月　　　　　　　　　　　　　　　　　　　　　　　　　　金额单位：元

应借账户	部　门	成本或费用项目	金　额	备　注
制造费用	基本生产车间	办公费	860	
		保险费	3 980	
		其他	2 462	
		小计	7 302	
辅助生产成本	锅炉车间	办公费	420	
		保险费	1 210	
		其他	2 200	
		小计	3 830	
	机修车间	办公费	328	
		保险费	462	
		其他	1 708	
		小计	2 498	
管理费用	行政管理部门	办公费	3 640	
		保险费	4 263	
		其他	3 864	
		小计	11 767	
合　计			25 397	

据此编制会计分录如下：

借：制造费用	7 302	
辅助生产成本——锅炉车间	3 830	
——机修车间	2 498	
管理费用	11 767	
贷：银行存款		25 397

同步测试题

一、单项选择题

1. 能直接计入“基本生产成本”账户的材料费用是(　　)。
   A. 生产产品领用的外购材料　　B. 生产车间管理领用的材料
   C. 辅助生产领用的材料　　D. 行政管理部门领用的材料
2. 产量工时记录是统计产量和工时及计算(　　)的原始依据。
   A. 计时工资　　B. 应付工资
   C. 加点工资　　D. 计件工资
3. 下列哪项工资及福利费不能计入产品生产成本？(　　)
   A. 基本生产车间管理人员的工资及福利费
   B. 辅助生产车间人员的工资及福利费
   C. 行政管理部门人员的工资及福利费
   D. 生产某种产品人员的工资及福利费
4. 几种产品共同耗用的原材料费用，应采用的分配方法是(　　)。
   A. 计划成本分配法　　B. 材料定额费用比例分配法
   C. 工时比例分配法　　D. 代数分配法
5. 生产产品领用的一次性摊销的专用工具应计入(　　)项目。
   A. “直接材料”　　B. “辅助生产费用”
   C. “制造费用”　　D. “销售费用”

二、多项选择题

1. 计入产品成本的材料成本包括生产过程中耗用的(　　)。
   A. 原材料及辅助材料　　B. 外购半成品及设备配件
   C. 燃料　　D. 低值易耗品及包装物
2. 计入产品成本的各种材料费用，按照其用途，应计入(　　)账户的借方。
   A. “管理费用”　　B. “制造费用”
   C. “生产成本”　　D. “销售费用”
3. 计入产品成本的工资费用包括(　　)。
   A. 生产工人的工资
   B. 生产部门管理人员的工资
   C. 生产工人与生产部门管理人员的福利费
   D. 生产部门职工食堂炊事员的工资

4. 下列固定资产中应提折旧的有(　　)。

A. 未使用的建筑物　　　　B. 土地

C. 当月减少的固定资产　　　　D. 以经营租赁方式租入的固定资产

三、判断题

1. 生产车间耗用的材料，全部计入“直接材料”成本项目。(　　)

2. 车间领用的材料在产品完工时，如有余料，应填制退料凭证及时退回仓库。对于下月需要继续耗用的材料，为了简化领料、退料手续，可以办理“假退料”手续。(　　)

3. 支付外购动力费用，企业一般是通过“银行存款”账户核算。(　　)

4. 多种产品共同耗用的原材料费用，按“材料定额耗用量比例”与“材料定额费用比例”分配，由于分配率不同，其分配结果也不相同。(　　)

5. 企业生产耗用的外购动力和燃料量不大，占产品成本的比例较小时，可以不单独设置成本项目而直接计入“直接材料”项目。(　　)

6. 生产企业发放给职工的工资应分别计入“产品成本”和“期间费用”。(　　)

四、实训题

1. 某企业生产甲、乙两种产品，本月两种产品共领用主要材料 12 375 千克，单价 30 元，共计 371 250 元。本月投产甲产品 850 件，乙产品 1 050 件，甲产品的材料消耗定额为 20 千克，乙产品的材料消耗定额为 10 千克。

要求：按材料定额耗用量比例分配材料费用。

2. 某工业企业某月发生动力费用 7 600 元，通过银行支付，月末查明各车间、部门耗电度数为：基本生产车间耗电 5 000 度，其中车间照明用电 500 度；辅助生产车间耗电 2 000 度，其中车间照明用电 300 度；企业管理部门耗电 600 度。

要求：

(1) 按所耗电度数分配电力费用，A、B 产品按生产工时分配电费。A 产品生产工时为 3 000小时，B 产品生产工时为 2 000 小时。

(2) 编制该月支付与分配外购电费的会计分录(注：该企业基本车间明细账不设“燃料及动力费”成本项目；辅助车间不设“制造费用”明细账；所编分录列示到成本项目)。

3. 某企业根据某月份工资结算凭证汇总的工资费用为：基本生产车间生产甲、乙两种产品，生产工人的计时工资共计 39 200 元，管理人员工资 2 840 元。甲产品完工数量为 10 000 件，乙产品完工数量为 8 000 件。单位产品工时定额：甲产品 2.5 小时，乙产品 3 小时。

要求：按定额工时比例分配甲乙产品生产工人工资；编制工资分配的会计分录。

4. 某企业基本生产车间领用新工具一批，计划成本 2 400 元，同时报废一批工具，其计划成本 1 800 元，该批工具的残料估价 80 元交材料仓库。该企业低值易耗品采用五五摊销法进行摊销。本月低值易耗品成本差异率为－2%。

要求：编制相应的会计分录。

第4章　辅助生产费用的归集和分配

学习目标

1. 了解辅助生产的含义和辅助生产费用的归集。
2. 理解辅助生产费用各种分配方法的优缺点和适用范围。
3. 掌握辅助生产费用各种分配方法的运用。

引　例

建兴公司的主要业务是生产空调，该公司设有4个生产部门：零配件生产车间、装配车间、供电车间和维修车间。其中，供电车间和维修车间不对外提供劳务，主要针对全公司内部提供劳务；同时，供电车间和维修车间之间也相互提供劳务。小王和小李是该公司的两名会计人员，小王提出为了简化核算工作，供电车间和维修车间之间提供的劳务可以不予以考虑；小李则认为供电车间和维修车间之间提供的劳务如果完全不考虑会影响到计算的准确性，应该将供电车间和维修车间之间提供的劳务先进行交互分配，再统一对外进行分配。假如你是这家公司的会计主管，你会采用什么方法？

4.1 辅助生产费用的归集

辅助生产指的是为基本生产或管理活动提供内部服务而进行的产品生产和劳务供应。有的只生产一种产品或提供一种劳务，如供电、供气、运输等辅助生产；有的则生产多种产品或提供多种劳务，从事工具、模型备件的制造以及机器设备的修理等辅助生产。企业辅助生产部门在产品生产和劳务供应过程中发生的各种耗费，构成了这些产品或劳务的成本，而对于耗用这些产品或劳务的基本生产、内部管理、专职销售等部门来说，其产品或劳务的成本又构成一种费用，即辅助生产费用。由于辅助生产部门的主要生产任务是为企业基本生产和内部管理提供内部服务，很少有产品或劳务直接对外出售，所以其产品或劳务的成本(即辅助生产费用)必须由耗用这些产品或劳务的基本生产、内部管理、专职销售等部门来承担。将企业一定时期内发生的各项辅助生产费用采用合理的方法分配给相关耗用部门，是企业准确计算主要产品或主要劳务成本的前提。

为了归集所发生的辅助生产费用，应设置“辅助生产成本”或“生产成本——辅助生产成本”科目，按辅助生产车间及其生产的产品、劳务的种类进行明细核算。

在只生产一种产品或只提供一种劳务的辅助生产车间，应按车间分别设置“辅助生产成本”明细账，在账内按规定的成本项目设置专栏；在生产多种产品或提供多种劳务的辅助生产车间，除了要按车间分别设置“辅助生产成本”明细账外，还应按各种产品或劳务分别开设“成本计算单”科目。辅助生产车间当月发生的直接材料、直接人工等直接成本项目的费用，应分别根据材料费用分配表、工资及福利费用分配表和有关凭证，计入“辅助生产成本”账户及其明细账的借方。

其他费用可在“制造费用——辅助生产车间”明细账中进行核算，月末再转入“辅助生产成本”账户，并采用适当的分配标准，分配计入有关产品或劳务成本计算单中。一般来说，如果辅助生产车间规模较小，制造费用很少，而且辅助生产车间不对外提供商品生产或劳务时，为了简化核算工作，辅助生产车间的制造费用也可以不通过“制造费用”账户单独归集，而直接计入“辅助生产成本”账户。第3章中的文华公司例子就是采用这种方法，现将该例中辅助生产成本归集到明细账中的具体数据列表，见表4-1和表4-2。

表4-1　辅助生产成本明细账

车间名称：锅炉车间　　　　　　　　　　　　　　　　　　　　　　　　　　金额单位：元

××年		凭证号数	摘　要	材料费	燃料及动力	人工费	折旧费	办公费	保险费	机物料消耗	其他	合计
月	日											
8	31	略	材料费用分配表	6 000								6 000
	31		燃料费用分配表		2 800							2 800
	31		低值易耗品费用分配表							878		878
	31		外购动力费用分配表		24 000							24 000
	31		职工薪酬费用分配表			8 892						8 892

续表

××年		凭证号数	摘　要	材料费	燃料及动力	人工费	折旧费	办公费	保险费	机物料消耗	其他	合计
月	日											
	31		折旧费用分配表				1 900					1 900
	31		其他费用分配表					420	1 210		2 200	3 830
	31		待分配费用合计									48 300

表 4-2　辅助生产成本明细账

车间名称：机修车间　　　　　　　　　　　　　　　　金额单位：元

××年		凭证号数	摘　要	材料费	燃料及动力	人工费	折旧费	办公费	保险费	机物料消耗	其他	合计
月	日											
8	31	略	材料费用分配表	1 200								1 200
	31		燃料费用分配表		1 000							1 000
	31		低值易耗品费用分配表							383		383
	31		外购动力费用分配表		12 000							12 000
	31		职工薪酬费用分配表			5 244						5 244
	31		折旧费用分配表				2 075					2 075
	31		其他费用分配表					328	462		1 708	2 498
	31		待分配费用合计									24 400

问题与思考

由于辅助生产车间提供的可能是产品，也可能是劳务，所以核算的方法也不太一样。若提供的是产品，其核算同基本生产车间的产品，若提供的是劳务，则应根据辅助生产车间所提供的产品或劳务的数量及其受益单位和程序等情况的不同采用适当的方法进行分配。你认为这种说法是否正确？为什么？

4.2　辅助生产费用的分配

归集在“辅助生产成本”科目及其明细账借方的辅助生产费用，由于所生产的产品和提供的劳务不同，其所发生的费用分配转出的程序方法也不一样。制造工具、模型、备件等产品所发生的费用，应计入完工工具、模型、备件等产品的成本。完工时，作为自制工具或材料入库，从“辅助生产成本”科目及其明细账的贷方转入“周转材料——低值易耗品”或“原材料”科目的借方；领用时，按其用途和使用部门，一次或分期摊入成本。提供水、电、气和运输、修理等劳务所发生的辅助生产费用，都按受益单位耗用的劳务数量在各单位之间进行分配，分配时，借记“制造费用”或“管理费用”等科目，贷记“辅助生产成本”科目。在结算辅助生产明细账之前，还应将各辅助车间的制造费用分配转入各辅助生产明细账，归集辅助生产成本。

辅助生产提供的产品和劳务，主要是为基本生产车间和管理部门使用和服务的。但在某些辅助生产车间之间也有相互提供产品和劳务的情况。例如，锅炉车间为供电车间供气取暖，供电车间也为锅炉车间提供电力。这样，为了计算供气成本，就要确定供电成本；为了计算供电成本，又要确定供气成本。这里就存在一个辅助生产费用在各辅助生产车间交互分配的问题。辅助生产费用的分配通常采用直接分配法、交互分配法和按计划成本分配法等。

4.2.1 直接分配法

采用直接分配法，不考虑辅助生产内部相互提供的劳务量，即不经过辅助生产费用的交互分配，直接将各辅助生产车间发生的费用分配给辅助生产以外的各个受益单位或产品。分配计算公式为：

辅助生产的单位成本(分配率)＝辅助生产费用总额÷辅助生产的产品或劳务总量

(不包括对辅助生产各车间提供的产品或劳务量)

各受益对象应分配的费用＝辅助生产的单位成本×该受益对象的耗用量

【例4-1】 文华公司的锅炉车间、机修车间成本总额分别为47 922元和24 217元。这两个辅助生产车间××年8月份供应的对象和数量见表4-3。

表4-3 辅助生产车间提供劳务量汇总表

项 目		锅炉车间	机修车间
待分配费用/元		48 300	24 400
供应劳务数量		16 000吨	2 180工时
各部门耗用劳务量	锅炉车间		180工时
	机修车间	1 000吨	
	基本生产车间	9 000吨	1 250工时
	行政管理部门	6 000吨	750工时

根据上述资料，用直接分配法计算各辅助生产部门的费用分配率如下：

锅炉车间费用分配率＝48 300÷15 000＝3.22

机修车间费用分配率＝24 400÷2 000＝12.2

根据费用分配率计算的各受益对象应负担的辅助生产成本，辅助生产成本分配表见表4-4。

表4-4 辅助生产费用分配表(直接分配表)

××年8月　　　　金额单位：元

辅助生产车间名称		锅炉车间	机修车间	合 计
待分配的费用		48 300	24 400	72 700
对外供应劳务数量		15 000	2 000	
单位成本(分配率)		3.22	12.2	
基本生产车间	耗用数量	9 000	1 250	
	分配金额	28 980	15 250	44 230

续表

辅助生产车间名称		锅炉车间	机修车间	合　计
行政管理部门	耗用数量	6 000	750	
	分配金额	19 320	9 150	28 470
合　计		48 300	24 400	72 700

会计分录如下：

借：制造费用——基本生产车间　44 230

　　管理费用　28 470

　　贷：辅助生产成本——锅炉车间　48 300

　　　　　　　　　　——机修车间　24 400

由于直接分配法将各辅助生产车间发生的费用，直接分配给辅助生产以外的各受益单位，辅助生产车间之间相互提供的产品和劳务，不互相分配费用，所以计算工作简便。但分配结果不够准确，只适用于辅助生产内部相互提供的劳务不多的情况。

4.2.2　交互分配法

交互分配法是指辅助生产车间的费用分为两个阶段进行分配。第一阶段将各辅助生产车间互相提供的服务量按交互分配前的单位成本，在辅助生产车间之间进行第一次交互分配；第二阶段再将各辅助生产车间交互分配后的费用(即原费用加上交互分配转入的费用，减去交互分配转出的费用)，按其提供给基本生产车间和其他部门的服务量和交互分配后的单位成本，在辅助生产车间以外的各受益单位之间进行分配。

【例 4-2】　承【例 4-1】，编制交互分配法的辅助生产成本分配表，见表 4-5。

表 4-5　辅助生产费用分配表(交互分配表)

××年 8 月　　　　金额单位：元

项　目			交互分配			对外分配		
辅助生产车间名称			锅炉	机修	合计	锅炉	机修	合计
待分配的费用			48 300	24 400	72 700	47 295.89	25 404.11	72 700
供应劳务数量			16 000	2 180		15 000	2 000	
单位成本(分配率)			3.018 8	11.192 7		3.153 1	12.702 1	
辅助生产车间	锅炉	耗用数量		180				
		分配金额		2 014.69	2 014.69			
	机修	耗用数量	1 000					
		分配金额	3 018.8		3 018.8			
基本生产车间		耗用数量				9 000	1 250	
		分配金额				28 377.9	15 877.63	44 255.53
行政管理部门		耗用数量				6 000	750	
		分配金额				18 917.99	9 526.48	28 444.47*
合　计						47 295.89	25 404.11	72 700

注：* 该行数据为倒挤求得。

据此编制会计分录。

第一次，交互分配分录：

借：辅助生产成本——锅炉车间 2 014.69

　　贷：辅助生产成本——机修车间 2 014.69

借：辅助生产成本——机修车间 3 018.8

　　贷：辅助生产成本——锅炉车间 3 018.8

第二次，对外分配分录：

借：制造费用 44 255.53

　　管理费用 28 444.47

　　贷：辅助生产成本——锅炉车间 47 295.89

　　　　　　　　　　——机修车间 25 404.11

交互分配法在辅助生产部门内部进行了交互分配，提高了分配结果的客观性和准确性。但由于要进行交互和对外两次分配，因而增加了计算工作量。另外，由于交互分配的分配率是根据交互分配前的待分配费用计算的，不是各辅助生产部门的实际单位成本，所以分配结果也并非完全反映客观实际。这种方法一般适用于各辅助生产部门之间相互提供劳务较多的企业。

问题与思考

某企业设置修理和运输两个辅助生产车间、部门。修理车间本月发生的费用 19 000 元，提供劳务 20 000小时，其中，为运输部门修理 1 000 小时，为基本生产车间修理 16 000 小时，为行政管理部门修理 3 000 小时。运输部门本月发生的费用 20 000 元，提供运输 40 000 千米，其中，为修理车间提供的运输劳务 1 500 千米，为基本生产车间提供的运输劳务 30 000 千米，为行政管理部门提供的运输劳务 8 500千米。请采用交互分配法计算分配修理、运输费用，编制会计分录(辅助生产车间不设“制造费用”科目)。

4.2.3 计划成本分配法

计划成本分配法是指根据辅助生产车间提供的产品、劳务数量及其计划单位成本，计算为各车间、部门提供服务的产品和劳务数量应分配的费用。其内容也是进行两次分配，先是按照各辅助车间产品或劳务的计划单位成本分配辅助生产部门为各受益单位(包括其他辅助生产部门)提供的费用，然后再计算各辅助车间实际生产费用与对外分配计划成本的“成本差异”，将差异再向辅助生产车间以外的受益单位追加分配。在实际工作中，为了简化核算，也可以将成本差异直接计入管理费用。

计划成本分配法计算公式为：

受益单位应负担的(产品)劳务成本＝耗用(产品)劳务的数量×该(产品)劳务计划单位成本

某辅助生产车间成本差异＝该辅助生产车间实际总成本－该辅助生产车间计划总成本

辅助生产车间分配给某受益单位辅助生产费用＝该受益单位耗用辅助生产车间产品或劳务数量×计划单位成本

辅助生产车间实际成本＝该辅助生产车间归集入账的费用＋该辅助生产车间耗用其他辅助生产车间产品或劳务数量×其他辅助生产车间计划单位成本

辅助生产车间计划成本＝该辅助生产车间提供产品或劳务总数×该辅助生产车间的计划单位成本

辅助生产车间成本差异＝辅助生产车间实际成本－辅助生产车间计划成本

【例4－3】 承【例4－1】，假设文华公司按计划成本分配辅助生产费用，计划单位成本锅炉车间的蒸汽每吨3元，机修车间每小时12.5元，据此编制的计划成本分配法的辅助生产成本分配表见表4－6。

表4－6　辅助生产费用分配表(计划成本分配法)

××年8月　　　　金额单位：元

项目 劳务供应				锅炉车间		机修车间		合　计
				数量/吨	费　用	数量/小时	费　用	
待分配的费用					48 300		24 400	72 700
计划单位成本					3		12.5	
计划成本分配	应借账户	辅助生产成本	锅炉车间			180	2 250	2 250
计划成本分配	应借账户	辅助生产成本	机修车间	1 000	3 000			3 000
计划成本分配	应借账户	辅助生产成本	小计		3 000		2 250	5 250
计划成本分配	应借账户	制造费用	基本生产车间	9 000	27 000	1 250	15 625	42 625
计划成本分配	应借账户	管理费用		6 000	18 000	750	9 375	27 375
计划成本分配	按计划成本分配合计				48 000		27 250	75 250
辅助生产实际成本					50 550		27 400	77 950
成本差异分配	待分配成本差异额				2 550		150	2 700
成本差异分配	分配率				0.17		0.075	
成本差异分配	应借账户	制造费用	基本生产车间	9 000	1 530	1 250	93.75	1 623.75
成本差异分配	应借账户	管理费用		6 000	1 020	750	56.25	1 076.25
成本差异分配	成本差异分配合计				2 550		150	2 700

按计划成本分配的分录。

借：辅助生产成本——锅炉车间　　2 250
　　　　　　　　——机修车间　　3 000
　　制造费用　　42 625
　　管理费用　　27 375
　　贷：辅助生产成本——锅炉车间　　48 000
　　　　　　　　　　——机修车间　　27 250

按成本差异分配的分录：

借：制造费用　　1 623.75
　　管理费用　　1 076.25
　　贷：辅助生产成本——锅炉车间　　2 550
　　　　　　　　　　——机修车间　　150

采用计划成本分配法，尽管也经过了两次分配，但由于第一次分配时计划成本事先制定，不用单独计算费用分配率，而第二次分配中，对辅助生产车间发生的实际成本与按计划成本计算的分配额之间的差额，为了简化核算，可不再按受益比例进行分摊，而直接增加或冲减管理费用，这就大大简化了计算工作。同时，采用计划成本分配法分配辅助生产费用，不是在辅助生产车间的实际费用结算后再进行，计算过程比较及时，还能反映和考核辅助生产成本计划的执行情况。但采用这种方法的前提条件是企业、车间辅助生产费用实际成本比较稳定，计划成本比较准确，否则就会影响分配结果的正确性。

问题与思考

某企业设有机修、锅炉两个辅助生产车间，某月发生费用及劳务供应情况见表4-7。

表4-7　辅助生产费用分配表(计划成本分配法)

金额单位：元

受益单位或项目	机修(计划单位成本5元)		锅炉(计划单位成本1元)		合　计
	供应数量	分配金额	供应数量	分配金额	
机修车间			500		
锅炉车间	200				
基本生产			5 000		
基本生产车间	3 000		400		
企业行政管理	500		800		
按计划成本分配合计	3 700		6 700		
直接发生费用		18 000		7 000	25 000
分配转入费用					
实际成本					
辅助生产成本差					

要求：

(1) 分配辅助生产费用(将计算及分配结果直接填入表中)。

(2) 编制计划分配和差异分配的会计分录(差异直接计入管理费用)。

4.2.4　代数分配法

代数分配法是运用代数中的多元联立方程式计算辅助生产劳务的单位成本，然后再根据受益单位耗用劳务的数量分配辅助生产费用的方法。并且在求解过程中，各辅助生产车间耗用其他辅助生产车间的产品或劳务而应当负担的辅助生产费用也是按各辅助生产车间的实际单位成本计算的。因此，代数分配法的分配结果最准确，最能体现受益原则(即各受益单位应负担的辅助生产费用与该受益单位的受益量成正比)。其基本计算步骤如下：

(1) 设未知数，并根据辅助生产车间之间交互服务关系建立多元一次方程组。

(2) 解方程组，算出各种产品或劳务的单位成本。

(3) 用各单位成本乘以各受益部门的耗用量，求出各受益部门应分配计入的辅助生产费用。

【例 4-4】 承【例 4-1】，设文华公司锅炉车间的蒸汽每吨 x 元，机修车间每小时 y 元，则联立方程式为：

$$48\ 300+180y=16\ 000x \tag{4.1}$$

$$24\ 400+1\ 000x=2\ 180y \tag{4.2}$$

将式(4.1)移项得：

$$180y=16\ 000x-48\ 300$$

$$y=\frac{16\ 000x-48\ 300}{180} \tag{4.3}$$

将式(4.3)代入式(4.2)得：

$$24\ 400+1\ 000x=2\ 180\times\frac{16\ 000x-48\ 300}{180}$$

$$x=3.161$$

将 $x=3.161$ 代入式(4.2)得：

$$y=12.642\ 7$$

编制计划成本分配法的辅助生产成本分配表，见表 4-8。

表 4-8 辅助生产费用分配表(计划成本分配法)

××年 8 月　　　　金额单位：元

辅助生产部门名称				锅炉车间	机修车间	合　计
待分配的费用				48 300	24 400	72 700
劳务供应总量				16 000	2 180	
用代数分配法算出实际单位成本				3.161	12.642 7	
应借账户	辅助生产成本	锅炉车间	耗用数量		180	
			分配金额		2 275.69	2 275.69
		机修车间	耗用数量	1 000		
			分配金额	3 161		3 161
		分配金额小计		3 161	2 275.69	5 436.69
	制造费用	基本生产车间	耗用数量	9 000	1 250	
			分配金额	28 449	15 803.38	44 252.38
	管理费用	耗用数量		6 000	750	
		分配金额		18 965.69	9 481.93	28 447.62
分配金额小计				50 575.69	27 561	78 136.69

据此编制会计分录如下：

借：辅助生产成本——锅炉车间　　2 275.69

　　　　　　　　——机修车间　　3 161

　　制造费用　　44 252.38

　　管理费用　　28 447.62

　　贷：辅助生产成本——锅炉车间　　50 575.69

　　　　　　　　　　——机修车间　　27 561

采用计划成本分配法分配费用，分配结果最准确，但在辅助生产车间较多的情况下，未知数较多，计算复杂，因而这种分配方法适宜在计算工作已经实现电算化的企业采用。

4.2.5 顺序分配法

顺序分配法又称梯形分配法，是在各辅助生产车间分配费用时，按照各辅助生产车间受益多少的顺序排列，并逐一将其费用分配给其他车间(包括排在后面的辅助生产车间)、部门。受益少的辅助生产车间排在前面，受益多的辅助生产车间排在后面，并依次序向后面各车间、部门分配，后面的辅助生产车间费用不再对前面的辅助生产车间进行分配。

【例 4-5】 承【例 4-1】假定文华公司的两个辅助生产车间相互提供劳务，但锅炉车间耗用机修车间的修理工时较少，机修车间耗用锅炉车间的气较多，所以分配顺序为：锅炉车间排前面，机修车间排后面。根据这一顺序编制辅助生产费用分配表见表 4-9。

表 4-9 辅助生产费用分配表(顺序分配法)

××年 8 月　　金额单位：元

供应单位应借账户		辅助生产成本		制造费用	管理费用	合　计
		锅炉车间	机修车间			
锅炉车间	供应数量		1 000	9 000	6 000	16 000
	直接费用					48 300
	待分配费用					48 300
	分配率					3.018 8
	分配金额		3 018.8	27 169.2	18 112	48 300
机修车间	供应数量			1 250	750	2 000
	直接费用					24 400
	待分配费用					27 418.8*
	分配率					13.709 4
	分配金额			17 136.75	10 282.05	27 418.8
分配金额合计			3 018.8	44 305.95	28 394.05	75 718.8

注：* 机修车间待分配费用＝直接费用＋分配转入费用＝24 400＋3 018.8＝27 418.8

据此编制会计分录如下：

借：辅助生产成本——机修车间　　3 018.8
　　制造费用　　44 305.95
　　管理费用　　28 394.05
　　贷：辅助生产成本——锅炉车间　　48 300
　　　　　　　　　　——机修车间　　27 418.8

采用顺序分配法，在一定程度上考虑了辅助生产车间互相提供劳务因素，计算工作有所简化。但由于排列在前的辅助生产车间不负担排列在后的辅助生产车间的费用，所以分配结果的正确性会受一定的影响。因此，这种方法仅适用于各辅助生产车间之间相互受益程序有明显顺序的企业采用。

通过对辅助生产费用的归集和分配，应计入本月产品成本的生产费用都已经分别归集到了“基本生产成本”和“制造费用”两个总账账户和明细分类账户的借方。其中计入“基本生产成本”总账账户借方的生产费用，已在各“产品成本计算单”或“基本生产成本”明细账的本月发生额中按照各个成本项目进行反映。

问题与思考

辅助生产费用的5种分配方法各有优缺点，不同的企业适用不同的分配方法，假如某企业有供电和运输两个辅助生产车间，两者相互之间提供劳务较多，且企业并没有实行会计电算化，请问该企业应该选择什么分配方法？

同步测试题

一、单项选择题

1. 辅助生产车间完工的修理用备件入库时，应借记的账户是(　　)。

   A. 低值易耗品　　B. 基本生产成本　　C. 辅助生产成本　　D. 原材料

2. 采用交互分配法，是将辅助生产费用先在(　　)之间进行交互分配，然后进行对外分配。

   A. 企业各车间、部门　　B. 辅助生产车间与基本生产车间

   C. 各辅助生产车间　　D. 企业内部各车间

3. 辅助生产费用的分配方法有(　　)。

   A. 约当产量法　　B. 直接分配法

   C. 定额耗用量比例分配法　　D. 生产工时比例法

4. 企业因生产产品、提供劳务而发生的各项间接费用，包括工资、福利费、折旧费等，属于(　　)成本项目。

   A. 管理费用　　B. 制造费用　　C. 直接人工　　D. 直接材料

5. 辅助生产费用的归集和分配是通过“(　　)”账户进行的。

   A. 辅助生产　　B. 生产成本

   C. 生产成本——辅助生产成本　　D. 基本生产

6. 如果辅助生产车间的规模不大，制造费用不多，为了简化核算工作，可将其制造费用直接计入(　　)。

   A. “辅助生产成本”　B. “基本生产成本”　C. “制造费用”　D. “财务费用”

7. 直接分配法的特点是辅助生产费用(　　)。

   A. 直接计入“辅助生产成本”账户

   B. 直接分配给所有收益的车间部门

   C. 直接分配给辅助生产以外的各受益单位

   D. 直接分配给辅助生产内部的各受益单位

8. 采用计划成本法分配辅助生产费用时，辅助生产车间实际发生的费用应该是(　　)。

   A. 该车间待分配费用加上分配转入的费用减去分配转出的费用

   B. 该车间待分配费用加上分配转入的费用

C. 该车间待分配费用减去分配转出的费用

D. 该车间待分配费用加上分配转出的费用减去分配转入的费用

二、单项选择题

1. 辅助生产费用的分配方法，主要包括(　　)。

A. 交互分配法　　B. 直接分配法

C. 按计划成本分配法　　D. 代数分配法

2. 辅助生产车间不设“制造费用”账户是因为(　　)。

A. 辅助生产车间数量较少　　B. 制造费用较少

C. 辅助生产车间不对外提供商品　　D. 辅助生产车间规模较小

E. 为了简化核算工作

3. 采用代数分配法分配辅助生产费用(　　)。

A. 能够提供正确的分配计算结果

B. 能够简化费用的分配计算工作

C. 适用于实现电算化的企业

D. 便于分析考核各受益单位的成本

E. 核算结果不很正确

4. 辅助生产车间发生的固定资产折旧费，可能借记的账户有(　　)。

A. 制造费用　　B. 辅助生产成本　　C. 基本生产成本　　D. 管理费用

三、判断题

1. 辅助生产费用的分配，应遵循谁受益谁负担的原则，分配方法力求简便、合理、易行。(　　)

2. 机修车间提供的劳务或产品，要在各受益单位之间按照所耗数量或者其他比例进行分配。(　　)

3. 辅助生产部门发生的各项费用，在会计核算上均应直接计入“辅助生产成本”账户。(　　)

4. 直接分配法计算工作简便，但分配结果不够准确，只适用于辅助生产内部相互提供的劳务不多的情况。(　　)

5. 交互分配法经过两次分配，因此，分配结果最准确。(　　)

四、实训题

1. 某企业有供电和机修两个辅助生产车间，本月份根据辅助生产成本明细账得知，供电车间直接发生的待分配费用为7 040元，机修车间为6 720元。车间本月提供劳务量见表4-10。

表4-10　车间本月提供的劳务量

车间、部门		用电度数	修理工时
第一基本生产车间	产品耗用	18 500	—
	一般耗用	1 500	1 800
第二基本生产车间	产品耗用	17 000	—
	一般耗用	1 000	2 100

续表

车间、部门	用电度数	修理工时
管理部门	2 000	100
供电车间	—	200
机修车间	4 000	—
合　计	44 000	4 200

要求：采用交互分配法分配辅助生产费用(表 4－11)，并编制有关的会计分录。

表 4－11　辅助生产费用分配表(交互分配法)

项目				交互分配			对外分配		
辅助生产车间名称				供电	机修	合计	供电	机修	合计
待分配辅助生产费用									
供应劳务数量									
费用分配率(单位成本)									
辅助生产车间耗用	应借记“辅助生产成本”科目	供电车间	耗用数量						
			分配金额						
		机修车间	耗用数量						
			分配金额						
		分配金额小计							
基本生产车间耗用	应借记“基本生产成本”科目	第一车间	耗用数量						
			分配金额						
		第二车间	耗用数量						
			分配金额						
	应借记“制造费用”科目	第一车间	耗用数量						
			分配金额						
		第二车间	耗用数量						
			分配金额						
		分配金额小计							
行政管理部门耗用	应借记“管理费用”科目		耗用数量						
			分配金额						
分配金额合计									

会计分录：

2. 某企业设有修理和运输两个辅助生产车间、部门。修理车间本月发生费用4 510元，提供修理劳务量2 600小时，其中，为运输部门修理400小时，为基本生产车间修理2 000小时，为行政管理部门修理200小时，修理费用按修理工时比例分配。运输部门本月发生的费用7 920元，运输材料物资等7 500吨千米，其中，为修理车间提供劳务300吨千米，为基本生产车间提供运输劳务5 200吨千米，为企业行政管理部门提供运输劳务2 000吨千米。

要求：采用直接分配法计算分配修理、运输费用，编制对外分配的会计分录。

3. 某企业修理车间和运输部门本月有关经济业务汇总如下：修理车间发生费用35 000元，提供劳务20 000小时，其中，为运输部门提供3 000小时，为基本生产车间提供16 000小时，为管理部门提供1 000小时。运输部门发生费用46 000元，提供运输40 000千米，其中，为修理车间提供3 500千米，为基本生产车间提供30 000千米，为管理部门提供6 500千米。计划单位成本：修理每小时2元，运输每小时1.20元。

要求：

(1) 计算按计划成本分配合计数额。

(2) 计算辅助生产(修理、运输)实际成本数额。

(3) 计算辅助生产差异。

(4) 编制按计划成本分配和辅助生产成本差异的会计分录。

第5章　制造费用的核算

学习目标

1. 了解制造费用的含义和制造费用的归集。
2. 理解制造费用各种分配方法的适用范围。
3. 掌握制造费用分配方法和费用分配表的编制方法。

引　例

小卢是一名在校大学生，随同老师到临望公司参观学习。在查看账簿时，小卢不禁疑惑，在基础会计中学过，制造费用月末不是没有余额吗？为什么临望公司的制造费用每个月末都有余额，而且有时在借方，有时在贷方，这到底是怎么回事呢？公司会计人员解释说，这是因为采用了年度计划分配率分配法来分配制造费用，所以才导致制造费用月末有余额，若是采用别的分配方法，就不会产生余额。那么制造费用到底有哪些分配方法呢？各个分配方法又有哪些特点？

5.1 制造费用归集的核算

制造费用是企业生产单位为生产产品或提供劳务而发生的，应计入产品或劳务成本但没有专设成本项目的各项生产费用，包括工资和福利费、折旧费、修理费、办公费、水电费、机物料消耗、劳动保护费、季节性和修理期间的停工损失等。制造费用一般是间接计入成本，当制造费用发生时一般无法直接判定它所归属的成本计算对象，因而不能直接计入所生产的产品成本中去，而须按费用发生的地点先行归集，月终时再采用一定的方法在各成本计算对象间进行分配，计入各成本计算对象的成本中。

企业应设置“制造费用”账户进行总分类核算。该账户应按不同的生产单位设立明细账，账内按照费用项目设立专栏或专户，分别反映生产单位各项制造费用的发生情况。费用发生时，根据支出凭证借记“制造费用”科目及其所属有关明细账，但材料、工资、折旧以及其他费用等，要在月末时，根据汇总编制的各种费用分配表计入。材料、产品等存货的盘盈、盘亏数，则应根据盘点报告表登记。归集在“制造费用”科目借方的各项费用，月末时应全部分配转入“生产成本”科目，计入产品成本。辅助生产车间如果规模较小，只生产单一品种或只提供一种劳务而且制造费用数额较小，为了减少转账手续，对发生的各项制造费用，也可以不通过“制造费用”账户核算，直接计入“辅助生产成本”账户。“制造费用”账户属于成本费用类账户，借方登记归集发生的制造费用，贷方反映制造费用的分配，一般月末无余额。制造费用明细账见表5-1。

表5-1　制造费用明细账（基本生产车间）

金额单位：元

××年		凭证号数	摘　要	职工薪酬	水电费	机物料消耗	修理费	动力费	办公费	保险费	折旧费	低值易耗品摊销	其他	合计	转出
月	日														
8	31	略	材料费用分配表			9 200	300							9 500	
	31		低值易耗品费用分配表									1 400		1 400	
	31		外购动力费用分配表		1 200									1 200	
	31		职工薪酬费用分配表	7 068										7 068	
	31		折旧费用分配表								8 800			8 800	
	31		其他费用分配表						860	3 980			2 462	7 302	
	31		辅助生产分配表					44 230						44 230*	
	31		制造费用分配表												79 500
	31		本月合计	7 086	1 200	9 200	300		860	3 980	8 800	1 400	2 465	79 500	

注：* 为直接分配法的数额。

问题与思考

某工厂设有一个基本生产车间，生产A产品和B产品，2004年7月有关基本生产车间制造费用的经济业务如下：

(1) 根据工资结算汇总表，本月应付工资60 000元，其中产品生产工人50 000元，车间管理人员4 000元，厂部管理人员6 000元。

(2) 根据上述人员工资总额，按照工资14%的比例计提本月应付福利费。

(3) 以银行存款600元支付办公用品费用，其中生产车间200元，厂部400元。

(4) 以银行存款1 000元支付生产车间设备维修费。

(5) 根据企业固定资产折旧计提政策，本月应计提固定资产折旧8 000元，其中生产车间6 000元，厂部2 000元。

(6) 根据企业本月耗用材料汇总表，本月领用材料成本80 000元，其中生产车间基本生产领用72 000元，车间一般耗用5 000元，厂部管理部门耗用3 000元。

(7) 车间主任报销差旅费600元，原领用500元，补付现金100元。

(8) 以银行存款2 000元支付生产车间劳动保护费。

(9) 以银行存款6 800元支付本月水电费，其中产品生产直接耗用5 000元，车间一般消耗800元，厂部耗用1 000元。

(10) 根据待摊费用明细账资料，本月生产车间应摊销固定资产修理费1 000元。

(11) 本月生产车间预提某机器设备大修理支出2 000元。

要求：

(1) 编制以上业务的会计分录。

(2) 登记生产车间制造费用明细账(表5-2)。

表5-2 生产车间制造费用明细账

20___年		凭证号数	摘要	明细账户								合计
月	日			工资及福利费	办公费	修理费	折旧费	机物料消耗	差旅费	劳保费	水电费	
			本月合计									
			月末结转									

5.2 制造费用分配的核算

在制造费用按发生地点和用途归集之后，月末终了就应将制造费用明细账中所归集的费用总额，按照一定的标准和方法，在基本生产车间所生产的各种产品之间进行分配。如果基本生产车间只生产一种产品，制造费用可以直接计入该种产品的成本。在生产多种产品的情况下，制造费用应采用适当的分配方法计入各种产品的成本。分配制造费用的方法很多，通常采用的方法有生产工人工时比例法、生产工人工资比例法、机器工时比例法和年度计划分配率法等。

5.2.1 生产工时比例分配法

生产工时比例分配法是按各种产品所耗生产工人工时的比例分配制造费用的一种方法。其计算公式为：

制造费用分配率=制造费用总额÷各产品生产工时总额

某产品应分配的制造费用=该种产品生产工时×制造费用分配率

上述公式中的生产工时总数，一般是指实际生产工时，但如果企业产品的定额工时比较准确，也可以使用定额工时计算。

按生产工时比例分配制造费用，能将劳动生产率与产品负担的制造费用结合起来，分配结果比较合理。但生产工时比例分配法主要适用于各种产品机械化程度大致相同的情况，否则，就会出现机械化程度越低，负担制造费用越多的不合理现象。

【例5-1】 假定文华公司所生产甲、乙两种产品按生产工人的实际生产工时比例分配制造费用，则根据表3-6所列的生产工时和表5-1所列的制造费用借方发生额资料分配制造费用如下：

制造费用分配率=79 500÷(3 200+1 800)=15.9(元/小时)

甲产品应分配的制造费用=3 200×15.9=50 880(元)

乙产品应分配的制造费用=1 800×15.9=28 620(元)

在实际工作中，制造费用分配一般通过编制制造费用分配表进行。制造费用分配表的格式见表5-2。

表5-3 制造费用分配表

××年8月　　　　　　金额单位：元

产品名称	生产工时/小时	分配率/（元/小时）	分配额
甲产品	3 200		50 880
乙产品	1 800		28 620
合　计	5 000	15.9	79 500

根据上述制造费用分配表，编制会计分录。

借：基本生产成本——甲产品　　50 880

　　　　　　　——乙产品　　28 620

　贷：制造费用　　79 500

5.2.2 生产工人工资比例分配法

生产工人工资比例分配法是按照计入各种产品成本的生产工人工资比例分配制造费用的一种方法。其计算公式为：

制造费用分配率=制造费用总额÷各产品生产工人工资总额

某产品应分配的制造费用=该种产品生产工人工资×制造费用分配率

由于工资成本分配表可以直接提供生产工人工资资料，所以采用这种分配方法，核算工作比较简便。但采用这一方法的前提是各种产品生产机械化的程度应该大致相同，否则机械化程度低的产品所用工资费用多，负担的制造费用也要多，而机械化程度高的产品则负担的制造费用较少，从而影响费用分配的合理性。还需要说明的是，如果生产工人工资是按照生产工时比例分配计入各种产品成本的，那么按照生产工人工资比例分配制造费用，实际上也就是按照生产工时比例分配制造费用。

5.2.3　机器工时比例分配法

机器工时比例分配法是按照生产各种产品所用机器设备运转时间的比例分配制造费用的方法。其计算公式为：

制造费用分配率＝制造费用总额÷各产品所用机器工时总数

某产品应分配的制造费用＝该种产品机器工时数×制造费用分配率

这一方法适用于生产机械化程度较高的产品，因为这类产品的机器设备使用、维修费用大小与机器运转的时间有密切联系。采用这一方法的前提条件是必须具备各种产品所耗机器工时的完整的原始记录。

【例5-2】　假定某公司所生产甲、乙两种产品按机器工时比例分配制造费用，已知A产品的机器工时为300小时，B产品的机器工时为200小时，制造费用借方发生额为5 000元，则制造费用分配如下：

制造费用分配率＝5 000/（300＋200）＝10(元/小时)

A产品应分配的制造费用＝300×10＝3 000(元)

B产品应分配的制造费用＝200×10＝2 000(元)

制造费用分配表见表5-4。

表5-4　制造费用分配表

××年8月　　　　金额单位：元

产品名称	机器工时/小时	分配率/（元/小时）	分配额
A产品	300		3 000
B产品	200		2 000
合　计	5 000	10	5 000

根据上述制造费用分配表，编制会计分录如下：

借：基本生产成本——A产品　　3 000

　　　　　　　　——B产品　　2 000

　　贷：制造费用　　5 000

5.2.4　年度计划分配率分配法

年度计划分配率分配法是指按年度开始前预先制订的年度计划分配率分配各月制造费用的方法。各月份实际发生的制造费用与按年度计划分配率分配的制造费用差异平时各月份不进行调整，到年末才进行调整。有关计算公式为：

某车间制造费用年度计划分配率＝该车间全年制造费用预算数÷年度该车间各种产品计划产量的定额工时

某月某种产品应分摊的制造费用＝年度计划分配率×当月该产品实际产量的定额工时

在这种分配方法下，“制造费用”科目平时各月份可能有余额，余额可能在借方，也可能在贷方，年末将其余额按已分配的比例进行一次再分配，计入各产品成本中去。

【例 5-3】 仍以文华公司为例，假定全年制造费用计划为 800 000 元，全年甲、乙两种产品的计划产量分别为 6 000 件和 4 000 件，单位产品的工时定额甲产品为 6 小时，乙产品为 3.5 小时，则：

制造费用年度计划分配率＝800 000÷(6 000×6＋4 000×3.5)＝16(元/小时)

假定文华公司 8 月份的实际产量为甲产品 580 件，乙产品 420 件，该月实际制造费用 79 500元，则：

甲产品应分配的制造费用＝16×580×6＝55 680(元)

乙产品应分配的制造费用＝16×420×3.5＝23 520(元)

该月实际分配的制造费用为 79 200 元，因而 8 月份出现差异额 300 元（79 500－79 200)，即文华公司 8 月份出现制造费用借方余额 300 元，这 300 元的借方余额平时不分配。到年底时如果制造费用账户仍然有余额，就是全年制造费用的实际发生额与计划发生额的差异，那么就要进行一次再分配，予以调整使之余额为 0。

【例 5-4】 仍以文华公司为例，假定文华公司到年底已按计划分配率分配其制造费用 800 700 元，其中甲产品为 533 800 元，乙产品为 266 900 元，年末制造费用账户借方余额 900 元，则甲乙两种产品应再分配制造费用如下：

甲产品应再分配数＝533 800×(900÷800 700)＝600(元)

乙产品应再分配数＝266 900×(900÷800 700)＝300(元)

年末据此编制会计分录如下：

借：基本生产成本——甲产品	600	
——乙产品	300	
贷：制造费用		900

【例 5-4】 中年末制造费用账户出现借方余额，是全年制造费用实际发生额大于计划分配额的情况，如果年末制造费用账户出现贷方余额，实际发生额小于计划分配额，则做相反的分录，即借记“制造费用”，贷记“基本生产成本”。

采用年度计划分配率分配法，不论各月实际发生的制造费用多少，每月各种产品成本中的制造费用都是按年度计划确定的计划分配率分配。年度内如果发现全年制造费用的实际数和产品的实际产量与计划数发生较大的差额，应及时调整计划分配率。

实行年度计划分配率分配法，可以取消短期波动因素对各月单位产品成本的影响，因此，这种方法适用于季节性的生产企业，因为在季节性生产企业中，每月发生制造费用相差不大，但淡季和旺季的产量悬殊却很大，那么在有的月份制造费用就特别多，而有的月份特别少，如果按实际费用分配，各月单位产品成本中的制造费用将随之忽高忽低，不便于进行成本分析。有了计划制造费用分配率法，就能均衡全年发生的费用，有助于提高成本信息，并且也简化了计算。

问题与思考

某企业 6 月份生产甲产品实际产量为 200 件，乙产品 100 件，甲产品全年计划产量为 1 800 件，乙产品为 1 200 件。甲产品的工时定额为 5 小时，乙产品的工时定额为 4 小时，该月份该车间发生的制造费用为 4 480 元。该企业全年计划制造费用为 62 100 元。

请按年度计划分配率分配法分配该企业 6 月份的制造费用。

同步测试题

一、单项选择题

1. 企业基本生产车间计提的固定资产折旧费，应借记(　　)。
   A. “生产成本”科目　　B. “管理费用”科目
   C. “制造费用”科目　　D. “财务费用”科目
2. 按年度计划分配率分配制造费用的方法适用于(　　)。
   A. 季节性生产的企业　　B. 机械化程度较高的企业
   C. 制造费用较大的企业　　D. 制造费用较小的企业
3. 机器工时比例法适用于(　　)。
   A. 季节性生产的车间　　B. 制造费用较多的车间
   C. 机械化大致相同的各种产品　　D. 机械化程度较高的车间
4. 下列属于制造费用分配方法的是(　　)。
   A. 品种法　　B. 定额比例法
   C. 约当产量法　　D. 生产工人工时比例法
5. 除了按年度计划分配率分配制造费用以外，“制造费用”账户月末(　　)。
   A. 一定有借方余额　　B. 有借方或贷方余额
   C. 一定有贷方余额　　D. 没有余额
6. 某基本生产车间甲产品生产工时为12 000小时，乙产品生产工时为8 000小时，制造费用借方发生额为21 000元，那么甲产品应分配的制造费用是(　　)元。
   A. 12 600　　B. 8 400　　C. 9 600　　D. 15 800
7. (　　)是指企业各个生产单位（分厂、基本生产车间）为组织和管理生产活动而发生的各项费用。
   A. 生产成本　　B. 制造费用
   C. 基本生产成本　　D. 辅助生产成本
8. 各生产单位的制造费用最终都必须分配计入（　　）。
   A. 生产成本　　B. 制造费用　　C. 管理费用　　D. 本年利润
9. (　　)分配标准能将劳动生产率和产品分摊的制造费用紧密联系起来，正确地体现劳动生产率和产品成本的关系。
   A. 直接人工工时分配法　　B. 机器工时分配法
   C. 直接工资分配法　　D. 计划分配率法
10. 机器工时分配法适用于机械化程度较(　　)，制造费用中的折旧费、动力费、修理费等与机器设备的使用密切相关，而且在制造费用中所占的比重较(　　)的生产车间。
    A. 高、小　　B. 高、大　　C. 低、小　　D. 低、大

二、多项选择题

1. 制造费用的分配方法有(　　)。
   A. 生产工人工时比例分配法　　B. 机器工时比例分配法

C. 计划成本分配法
D. 生产工人工资比例分配法

2. 下列项目中，属于制造费用所属项目的有(　　)。
A. 生产车间的保险费
B. 厂部办公楼折旧
C. 在产品盘亏和毁损
D. 低值易耗品摊销

3. 制造费用最终结转进入(　　)。
A. 辅助生产成本
B. 管理费用
C. 本年利润
D. 基本生产成本

4. 下列应该计入制造费用的是(　　)。
A. 机器设备的折旧费
B. 车间生产用照明
C. 机物料消耗
D. 车间管理人员工资

5. 以下关于“制造费用”账户的说法中正确的有(　　)。
A. “制造费用”账户属集合分配类的账户
B. 由于不同行业、不同企业的制造费用构成各不相同，各生产企业应根据本行业、本企业的生产经营的特点和成本管理的需要，设置不同的明细科目
C. “制造费用”账户借方反映当期发生的全部制造费用，贷方反映月末的分配结转，月末一定没有余额
D. 为便于同行业的比较分析，应力争同行业设置相同的“制造费用”明细科目

6. 以下属于直接人工工时分配法的优点的是(　　)。
A. 这种分配标准能将劳动生产率和产品分摊的制造费用紧密联系起来，正确地体现劳动生产率和产品成本的关系
B. 适合于在各产品机械化程度接近、加工工艺区别不大的情况
C. 以直接人工工时作为分摊标准可使分摊结果显得更合理
D. 各单位都有直接人工工时的统计结果，分配资料的获取较容易

7. 按计划分配率计算分配的制造费用和实际发生的制造费用的差额的处理方法有(　　)。
A. 年末追加调整，多退少补
B. 不做任何调整
C. 将差额并入12月的制造费用并改按实际直接人工工时分配法进行分配
D. 差额很大时调整，差额很小时不调整

8. 下列科目中，月末既可能有借方余额，也可能有贷方余额的有(　　)。
A. 基本生产成本
B. 辅助生产成本
C. 制造费用
D. 材料成本差异
E. 管理费用

三、判断题

1. 由于制造费用和直接材料、直接人工共同构成生产成本，而且制造费用往往在生产成本中占有较大比重，所以制造费用的正确归集是一项非常重要的工作。(　　)

2. “制造费用”账户属集合分配类账户。(　　)

3. 生产单位的固定资产修理费有日常修理和大修理两种情况，日常修理应在发生时直接计入当期的产品生产成本，大修理支出可以采用预提和跨期摊销的方法分期计入产品生产成本。(　　)

4. 制造费用是企业为生产产品和提供劳务而发生的各项间接成本。企业应当根据制造费用的性质，合理地选择制造费用分配方法。（　　）

5. 管理人员的工资和福利费，均应通过“制造费用”账户核算。（　　）

6. 无论采用哪一种制造费用的分配方法，“制造费用”科目月末都没有余额。（　　）

7. 机器工时分配法既可以用于加工工艺接近、自动化程度较高的生产车间制造费用的分摊，也可以用于分厂制造费用的分配。（　　）

8. 直接人工工时分配法能将劳动生产率和产品分摊的制造费用紧密联系起来，正确地体现劳动生产率和产品成本的关系。（　　）

9. 采用计划分配率法，应首先根据企业理想生产经营条件下的各生产单位制造费用的年度预算和年度计划产量的定额直接人工工时计算确定计划分配率。（　　）

10. 用计划分配率法分配制造费用时，“制造费用”科目可能出现借方余额，也可能出现贷方余额。（　　）

四、实训题

1. 企业基本生产车间生产甲、乙、丙 3 种产品，2010 年 9 月甲产品实际耗用生产工人工时 1 000 小时，乙产品实际耗用工时 400 小时，丙产品实际耗用工时 600 小时。本月基本生产车间归集的制造费用总额为 32 300 元。

要求：按直接人工工时分配法对企业基本生产车间本月发生的制造费用进行分配，并编制会计分录。

2. 企业基本生产车间生产甲、乙、丙 3 种产品，2010 年 9 月基本生产车间发生制造费用 38 000 元。本月甲产品发生生产工人工资 9 600 元，乙产品发生生产工人工资 5 000 元，丙产品发生生产工人工资 4 400 元。

要求：按直接工资分配法对企业基本生产车间本月发生的制造费用进行分配，并编制会计分录。

3. 某车间计划全年度制造费用发生额为 19 800 元，全年各产品的计划产量为：甲产品 250 件，乙产品 300 件；单位产品工时消耗定额为：甲产品 4 小时，乙产品 5 小时；该车间某月实际产量为：甲产品 12 件，乙产品 6 件。该月实际发生制造费用 1 850 元。

要求：

(1) 计算制造费用的年度计划分配率。

(2) 按年度计划分配率法分配本月制造费用。

(3) 编制相应的会计分录。

4. 某企业第一车间生产甲、乙、丙 3 种产品，本年度制造费用预算总额为 420 000 元，3 种产品本年计划产量分别为 5 000 件、6 000 件和 1 600 件，单位产品定额工时分别为 40 小时、70 小时和 50 小时。本年 12 月生产甲产品 600 件，乙产品 400 件，丙产品 300 件，实际发生制造费用 40 000 元。11 月末，“制造费用——第一车间”明细账有贷方余额 500 元。

要求：按计划分配率法对 12 月份企业第一生产车间的制造费用进行分配，年末对按计划分配率计算分配的制造费用和实际发生的制造费用的差额进行追加调整（假设本年度按计划分配率法分配制造费用 40 0000 元，其中甲产品分配了 150 000 元，乙产品分配了 160 000 元，丙产品分配了 90 000 元），并编制相关会计分录。

5. 某企业有一个基本生产车间和一个辅助生产车间。基本生产车间生产甲、乙两种产品；辅助生产车间提供一种劳务，该企业辅助生产车间的制造费用单独核算。2006 年 5 月份发生有关的经济业务如下：

(1) 生产耗用原材料 13 590 元，其中直接用于甲产品生产 4 500 元，用于乙产品生产 3 200元，用作基本生产车间机物料 1 210 元；直接用于辅助生产 2 700 元，用作辅助生产车间机物料 930 元；用于企业行政管理部门 1 050 元。

(2) 发生工资费用 7 800 元，其中基本生产车间生产工人工资 3 400 元，管理人员工资 1 300元；辅助生产车间生产工人工资 1 100 元，管理人员工资 500 元；企业行政管理人员工资 1 500 元。

(3) 按工资总额的 14%计提职工福利费。

(4) 计提固定资产折旧费 6 430 元，其中基本生产车间 2 740 元，辅助生产车间 1 530 元，行政管理部门 2 160 元。

(5) 用银行存款支付其他费用 5 900 元。其中基本生产车间 2 600 元，辅助生产车间 1 400元，行政管理部门 1 900 元。

(6) 辅助生产车间提供的劳务采用直接分配法分配：应由基本生产车间负担 5 280 元，应由行政管理部门负担 3 104 元。

(7) 基本生产车间的制造费用按产品机器工时比例分配，其机器工时为：甲产品 1 670 小时，乙产品 1 658 小时。

要求：根据成本会计业务流程编制相应会计分录。

(1) 根据(1)～(5)编制各项费用发生的会计分录。

(2) 月末结转辅助生产车间的制造费用，编制结转分录。

(3) 根据(6)编制结转辅助生产成本的分录。

(4) 根据(7)分配并结转基本生产车间的制造费用，编制相应分录。

第6章 生产损失的核算

学习目标

1. 了解生产损失的相关概念。
2. 理解正确核算生产损失对产品成本计算的重要性。
3. 掌握生产损失的计算方法，会正确编制生产损失计算表，并做相关分录。

引 例

“天有不测风云，人有旦夕祸福”，在产品生产过程中，总会出现一些不可预测的情况，譬如产生了废品，或者出现了停工。那废品的成本应该如何处理呢？小张和小李都是会计系的学生，小张觉得废品的成本可能是继续放在基本生产成本中，与合格品的成本不加区别，这样工作比较简便；而小李觉得可能还是要单独计算废品的成本，将来转入营业外支出。至于停工损失是作为一种成本、一种费用，还是一种支出，更是引起了小张和小李无休止的争论。你认为应该如何看待与处理这些生产损失呢？

6.1　废品损失的核算

生产中的废品是指不符合规定的技术标准，不能按照原定用途使用，或者需要加工修理后才能使用的在产品、半成品或产成品。不论是在生产过程中发现的废品，还是在入库后发现的废品，都包括在内。

废品可分为可修复废品和不可修复废品两种。可修复废品是指经过修理可以使用，而且所花费的修复费用在经济上合算的废品；不可修复废品则指不能修复，或者所花费的修复费用在经济上不合算的废品。

废品损失是指在生产过程中发现的和入库后发现的不可修复废品的生产成本，以及可修复废品的修复费用，扣除回收的废料残料价值和应收赔款后的损失。废品损失不包括3类内容：质量虽然不符合规定标准，但企业不进行返修仅降价出售的损失，体现为销售损益；产成品入库后由于保管不善发生的损坏损失，计入管理费用；三包产品出售后发现的废品损失，计入管理费用。

假如企业上述废品损失较多，需要单独核算废品损失，则应增设“废品损失”账户，该账户按车间设立明细账，账内按产品品种分设专户。同时，在成本项目中应增设“废品损失”账户。

6.1.1　不可修复废品损失的计算

不可修复废品损失是指废品的生产成本，扣除回收的废料残料价值和应收赔款后的损失。计算不可修复废品损失的方法有两种：按废品所耗实际费用计算，即将产品成本在合格品和废品之间采用适当的方法进行分配；按废品所耗定额费用计算，即按照废品的数量和各项费用定额计算，不考虑废品实际发生的生产费用。

1. 按废品所耗实际费用计算

【例6-1】 某民营中小企业基本生产车间生产乙产品160件，生产过程中发现其中有16件不可修复废品。160件产品在生产过程中发生费用为：原材料费用200 000元，直接工资费用8 060元，制造费用39 520元，合计247 580元。其中原材料是在生产开始时一次性投入，原材料费用按产量比例进行分配，其他费用按生产工时比例进行分配。产品的生产工时分别为：合格品2 408小时，废品192小时，废品材料回收价值240元。根据上述资料，可编制废品损失计算(表6-1)。

表6-1　不可修复废品损失计算表（按实际费用计算）

车间名称：基本生产车间

产品名称：乙产品　　　　金额单位：元

项　目	数量/件	直接材料	生产工时	直接人工	制造费用	成本合计
合格品和废品生产费用	160	200 000	2 600	8 060	39 520	247 580
费用分配率	—	1 250①	——	3.1④	15.2	——
废品生产成本	16	20 000②	192	595.2⑤	2 918.4	23 513.6

续表

项　　目	数量/件	直接材料	生产工时	直接人工	制造费用	成本合计
减：残料价值	——	240	——	——	——	240
废品损失	——	19 760③	——	595.2	2 918.4	23 273.6

注：①200 000÷160＝1 250；②1 250×16＝20 000；③20 000－240＝19 760；④8 060÷2 600＝3.1；⑤192×3.1＝595.2；制造费用计算方法和直接人工相同，其他数字题中已经给出，或者通过加总得到。

根据表6－1编制如下与废品损失有关的分录。

（1）结转废品生产成本：

借：废品损失——乙产品　　23 513.6

　　贷：基本生产成本——乙产品　　23 513.6

（2）废品残值入库：

借：原材料　　240

　　贷：废品损失——乙产品　　240

（3）结转废品损失：

借：基本生产成本——乙产品　　23 273.6

　　贷：废品损失——乙产品　　23 273.6

通过上述分录，废品损失从基本生产成本的直接材料、直接人工、制造费用成本项目转入废品损失成本项目，见表6－2。

表6－2　产品生产成本明细账

车间名称：基本生产车间

产品名称：乙产品　　金额单位：元

20××年		凭证号数	摘　要	直接材料	直接人工	制造费用	废品损失	成本合计
月	日							
略	略	略	原材料费用分配表	200 000				20 000
			职工薪酬分配表		8 060			8 060
			制造费用分配表			39 520		39 520
			减：不可修复废品成本	20 000	595.2	2 918.4		23 513.6
			转入废品净损失				23 273.6	23 273.6
			本月完工入库合格品总成本	180 000	7 464.8	36 601.6	23 273.6	224 306.4

从表6－2可以看出，由于发生了废品损失，乙产品总成本从247 580元下降到224 306.4元，但要注意的是，产品产量从160件下降到了144件，所以产品的单位成本从1 547.38元上升到1 557.68元。

按实际费用计算废品损失，计算结果准确，但核算工作量较大。如果废品是在完工以后发现的，那么这时合格品和废品的单位成本是一样的，只要按产品数量进行分配即可。

问题与思考

某基本生产车间生产丙产品共100件，生产过程中发现不可修复废品20件，全部生产费用10 000元，其中：材料费用5 000元，人工费用3 000元，制造费用2 000元；全部生产工时2 000小时，其中废品生产工时200小时；材料系开工一次投入，废品回收残料价值50元，过失人赔偿100元。请计算20件不可修复废品的生产成本和净损失并编制有关会计分录。

2. 按废品所耗定额费用计算。

【例6-2】 假定某月份发现基本生产车间乙产品中有不可修复废品30件，规定不可修复废品成本按定额成本计价。每件废品直接材料费用定额为10元，已完成的定额工时共为100小时，每小时定额费用为：直接人工5元，制造费用6元。废品残料价值24元。根据上述资料，可编制废品损失计算表(表6-3)。

表6-3　不可修复废品损失计算表(按定额费用计算)

车间名称：基本生产车间

产品名称：乙产品　　　　金额单位：元

项　目	直接材料	生产工时	直接人工	制造费用	成本合计
费用定额	10	100	5	6	
废品定额成本	300①		500③	600	1 400
减：残料价值	24				24
废品损失	276②		500	600	1 376

注：①10×30=300；②300-24=276；③5×100=500；制造费用计算方法和直接人工相同，其他数字题中已经给出，或者通过加总得到。

根据表6-3编制如下与废品损失有关的分录：

(1) 归集不可修复废品的生产成本：

借：废品损失——B产品　　1 400

　　贷：基本生产成本——B产品　　1 400

(2) 废品残值入库：

借：原材料　　100

　　贷：废品损失——B产品　　100

(3) 结转废品损失：

借：基本生产成本——B产品　　1 300

　　贷：废品损失——B产品　　1 300

该方法计算简便并有利于废品损失和产品成本的分析考核，但企业必须具备准确的消耗定额和费用定额资料。

6.1.2　可修复废品损失的计算

可修复废品损失指可修复废品返修发生的修复费用(包括修复废品发生的材料费、人工费和制造费用)，减去残值和应收赔款。

【例6-3】 假定某月份基本生产车间乙产品的可修复废品的修复费用为：直接材料400元，直接人工300元，制造费用600元。废品残料计价100元作为辅助材料入库。应由责任人员赔偿的废品损失 200 元。

(1) 归集可修复废品的修复费用：

借：废品损失——乙产品　　1 300

　贷：原材料　　400

　　应付职工薪酬　　300

　　制造费用　　600

(2) 废品残料入库：

借：原材料　　100

　贷：废品损失——乙产品　　100

(3) 登记应收赔款：

借：其他应收款　　200

　贷：废品损失——乙产品　　200

(4) 结转废品损失：

借：基本生产成本——乙产品　　1 000

　贷：废品损失——乙产品　　1 000

上述废品损失的账务处理程序如图 6.1 所示。

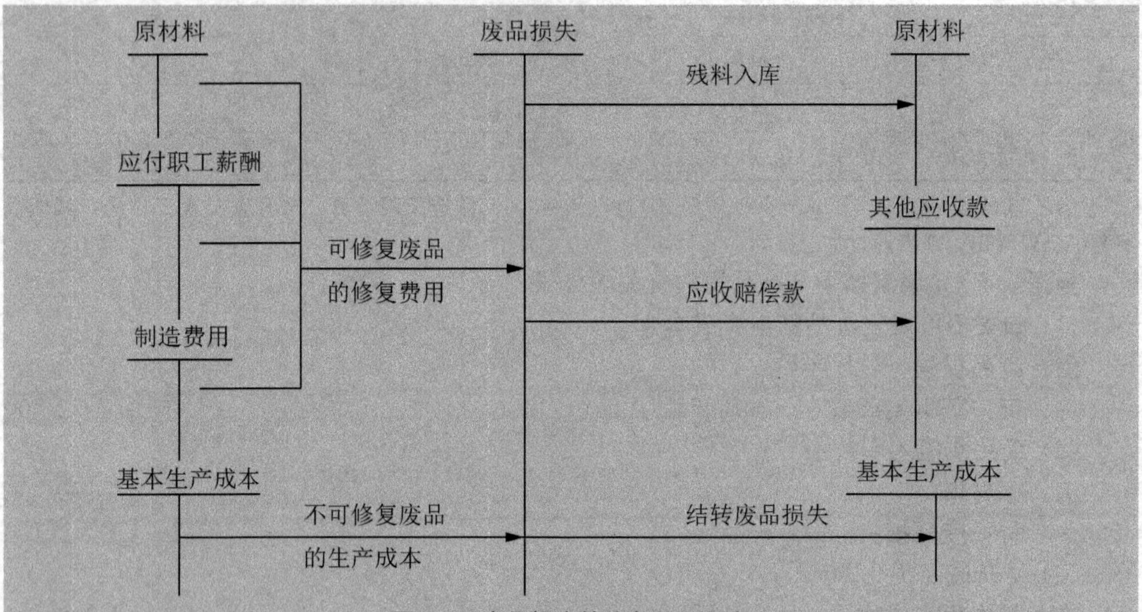

图 6.1　废品损失的账务处理程序

假如企业废品损失较少，也可以不单独核算废品损失，则只在废品残料入库时做如下分录：

借：原材料

　贷：基本生产成本

问题与思考

上面提到，假如企业废品损失较少，也可以不单独核算废品损失，那么为什么不单独核算废品损失时，只需做这样一个分录即可？

6.2 停工损失的核算

停工损失是指生产车间或车间内某个班组在停工期间发生的各项费用。不同原因产生的停工损失有不同的处理方法：自然灾害引起的非正常停工损失，应计入“营业外支出”；其余停工损失，如季节性和固定资产修理期间的停工损失，应计入“产品成本”。

假如企业上述停工损失较多，需要单独核算，则应增设“停工损失”账户，该账户按车间设立明细账。同时，在成本项目中应增设“停工损失”账户。

停工损失的账务处理程序如图 6.2 所示。

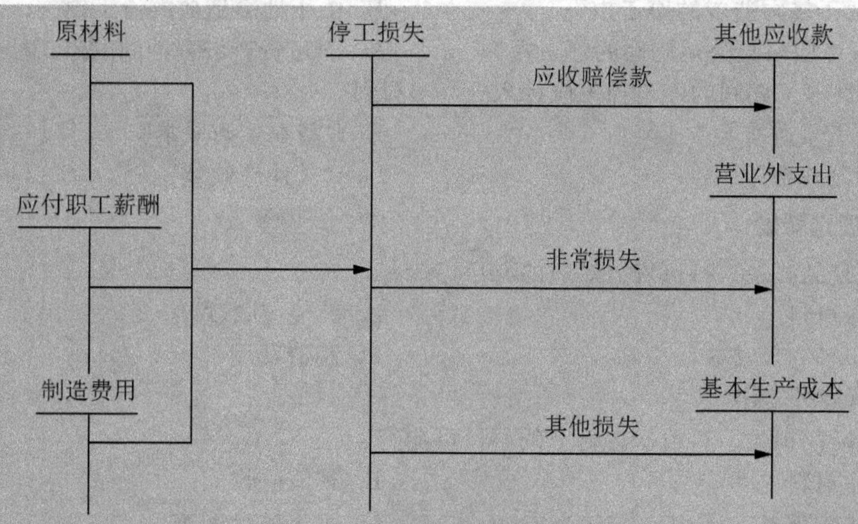

图 6.2 停工损失的账务处理程序

假如企业不单独核算停工损失，则停工损失应分产生原因计入“营业外支出”和“制造费用”。

同步测试题

一、单项选择题

1. 工业企业发生的废品损失，最终应计入(　　)。

A. “管理费用”　　B. “制造费用”

C. “基本生产成本”　　D. “辅助生产成本”

2. 产成品入库后，由于保管不善等原因，使产品不符合规定的技术标准，这种损失在财务上应作为(　　)处理。

A. 废品损失　　B. 制造费用

C. 管理费用　　D. 基本生产成本

3. 实行包退、包修、包换“三包”的企业，在产品出售以后发现的废品所发生的一切损失，在财务上应计入(　　)。

A. “废品损失”　　B. “营业外支出”
C. “管理费用”　　D. “基本生产成本”

4. 经过质量检验部门鉴定不需要返修，可以降价出售的不合格品，其降价损失应作为(　　)。
A. 废品损失　　B. 产品销售费用
C. 管理费用　　D. 销售损益

5. 以下关于停工损失的表述，正确的是(　　)。
A. 停工损失均可索赔　　B. 停工损失均可计入“营业外支出”
C. 停工损失均应计入“产品成本”　　D. 以上3种均不正确

6. 下列项目中，应计入“产品成本”的停工损失是(　　)。
A. 由于暴雨造成的停工损失　　B. 由于地震造成的停工损失
C. 可以向保险公司赔偿的停工损失　　D. 固定资产修理期间的停工损失

7. 季节性停工期间的停工损失应计入(　　)科目。
A. “营业外支出”　　B. “基本生产成本”
C. “制造费用”　　D. “其他应收款”

二、多项选择题

1. 与“废品损失”科目贷方对应的科目可能有(　　)。
A. 原材料　　B. 其他应收款
C. 基本生产成本　　D. 制造费用
E. 营业外支出

2. 与“废品损失”科目借方对应的科目可能有(　　)。
A. 原材料　　B. 其他应收款
C. 制造费用　　D. 基本生产成本
E. 应付职工薪酬

3. 可修复废品的确认，必须满足的条件有(　　)。
A. 经过修理仍不能使用的
B. 所花费的修复费用在经济上合算的
C. 经过修理可以使用的
D. 所花费的修复费用在经济上不合算的
E. 不经过修理也可以使用的

4. 与“停工损失”科目贷方对应的科目可能有(　　)。
A. 其他应收款　　B. 营业外支出
C. 基本生产成本　　D. 制造费用
E. 管理费用

5. 停工损失应包括生产车间(　　)。
A. 停工期间发生的原材料、工资费用
B. 停工期间发生的制造费用
C. 保险公司的赔款
D. 季节性和固定资产修理期间的停工损失
E. 自然灾害引起的非正常停工损失

三、判断题

1. 可修复废品是指技术上可以修复的废品。（　　）

2. 经过修理虽可使用，但所花费的修复费用在经济上不合算的废品，属于不可修复废品。（　　）

3. 不单独核算停工损失的企业，停工期间发生的属于停工损失的各项费用，应直接计入“基本生产成本”科目。（　　）

四、实训题

1. 某民营中小企业基本生产车间生产 A 产品 150 件，生产过程中发现其中有 4 件不可修复废品。150 件产品在生产过程中发生费用为：原材料费用 6 000 元，直接工资费用 6 300 元，制造费用 3 600 元。其中原材料是在生产开始时一次性投入，原材料费用按产量比例进行分配，其他费用按生产工时比例进行分配。产品的生产工时总共为 4 500 小时，其中废品的生产工时为 120 小时，废品材料回收价值 25 元。

要求：

(1) 计算不可修复废品的生产成本并登记不可修复废品损失计算表(表 6－4)。

表 6－4　不可修复废品损失计算表

车间名称：基本生产车间

产品名称：A 产品　　　　金额单位：元

项　目	数量(件)	直接材料	生产工时	直接人工	制造费用	成本合计
合格品和废品生产费用						
费用分配率	—		—			—
废品生产成本						
减：残料价值	—		—	—	—	
废品损失	—		—			

(2) 登记产品成本明细账(表 6－5)。

表 6－5　产品生产成本明细账

车间名称：基本生产车间

产品名称：A 产品　　　　金额单位：元

20××年		凭证号数	摘　要	直接材料	直接人工	制造费用	废品损失	成本合计
月	日							
略	略	略	原材料费用分配表					
			职工薪酬分配表					
			制造费用分配表					
			减：不可修复废品成本					
			转入废品净损失					
			本月完工入库合格品总成本					

（3）编制相关分录。

2. 某企业规定不可修复废品成本按定额成本计价。某月份某产品的不可修复废品 25 件，每件直接材料定额为 9 元；已完成的定额工时共为 130 小时。每小时定额费用为：直接人工 7 元，制造费用 9 元。该月该产品的可修复废品的修复费用为：直接材料 500 元，直接人工 300 元，制造费用 700 元。废品残料计价 150 元作为原材料入库。应由责任人员赔偿的废品损失 200 元。

要求：

（1）计算不可修复废品的生产成本。

（2）计算全部废品的损失。

（3）编制归集废品修复费用、结转不可修复废品生产成本、废品残值入库、应收赔款以及结转废品损失的会计分录。

第7章 生产费用在完工产品与在产品之间的分配

学习目标

1. 了解完工产品和在产品的区别。

2. 理解在不同情况下，生产费用在完工产品与在产品之间进行分配适用不同的方法。

3. 掌握生产费用在完工产品与在产品之间的分配方法，会正确编制生产费用分配表，并做相关分录。

引　例

企业生产的产品每个月月末可能全部完工，可能全部没有完工，但是更多的情况是，既有完工产品，又有未完工产品。那么在前面所归集的基本生产成本中，必然有一部分是完工产品的成本，另一部分是未完工产品的成本，这些成本如何计算出来呢？小陈和小黄刚从事会计工作不久。小陈发现自己所核算的车间月底未完工产品总是很少，为了工作简便，她认为可以将当月的基本生产成本都作为完工产品的成本。小黄发现自己所核算的车间月底未完工产品总是很多，同时未完工产品的所消耗的成本基本都是原材料费用，因此，他认为可以只计算未完工产品的原材料费用作为其成本，而其他成本都作为完工产品成本。这些方法可以使用吗？车间是否还有其他情况，不同的情况应该用何种方法呢？

7.1 在产品的概念及其数量的确定

通过前面章节的归集与分配，本月所耗生产费用已经计入各种产品的“基本生产成本”明细账，最后一步就是计算完工产品的成本。假如到了月末，所有产品均已完工，那么归集的成本都是完工产品的成本。假如到了月末，所有产品均未完工，那么归集的成本则都只是未完工产品的成本，完工产品的成本为零。在现实生活中，以上两种情况都不多，经常碰到的是到了月末，既有完工产品，又有未完工产品，称为在产品，此时就需要将归集的成本在完工产品与在产品之间进行分配，本节就此类分配方法进行介绍。

7.1.1 在产品的概念

在产品是指企业已经投入生产，但是还没有完成全部生产过程、不能作为商品销售的产品，包括正在车间中加工的在产品（正在返修的废品也在内）和已经完成一个或几个生产步骤，但还需要继续加工的半成品（未经验收入库的产品和等待返修的废品也在内）两部分。以上在产品，是从广义的或者就整个企业来说的在产品。对外销售的自制半成品，属于商品产品，验收入库后不应列入在产品之内。从狭义的或者就某一车间或某一生产步骤来说，在产品只包括该车间或该生产步骤正在加工中的那部分在产品，车间或生产步骤完工的半成品不包括在内。简而言之，广义在产品指未完成整个企业生产步骤的产品，狭义在产品则指未完成某一车间或某一生产步骤的产品。本节指的是狭义在产品。

7.1.2 在产品数量的确定

为了准确核算在产品数量，通常有两种方法，通过账面资料核算或者通过实地盘点。需要通过账面资料核算在产品数量的企业，要求设置“在产品收发存账簿”，也叫“在产品台账”，其格式见表 7-1。

表 7-1 在产品台账

生产单位：　　　　　　生产工序：　　　　　　在产品名称：　　　　　　计量单位：

日期	摘 要	收 入		转 出			结 存			备注
		凭证号数	数量	凭证号数	合格品	废品	已完工	未完工	废品	
	合计									

在实际工作中，确定在产品数量的两种方法往往同时使用，一方面要根据领料凭证、在产品内部转移凭证、产成品检验凭证和产品交库凭证等做好在产品收发结存的记录工作，另一方面也要对在产品进行定期盘点，随时掌握在产品的变化，确保在产品数量的准确性。

7.1.3 在产品清查及清查结果的账务处理

为了核实在产品的数量，确保账实相符，需要对在产品进行定期清查，或不定期进行轮流清查。实地盘点的结果，应填制“在产品盘点表”，并与在产品台账核对。如有不符，还需填制“在产品盘盈盘亏报告表”。对盘点结果，会计人员应认真审核并经有关部门和领导审批后，进行相应的账务处理。

1. 盘盈

(1) 发现盘盈时的账务处理。

借：基本生产成本

　　贷：待处理财产损溢——待处理流动资产损溢

(2) 批准后处理的账务处理。

借：待处理财产损溢——待处理流动资产损溢

　　贷：管理费用

2. 盘亏

(1) 发现盘亏时的账务处理。

借：待处理财产损溢——待处理流动资产损溢

　　贷：基本生产成本

(2) 批准后处理的账务处理。

借：原材料　　　　　　（残料价值）

　　其他应收款　　　　（应由过失人或保险公司赔偿的损失）

　　营业外支出　　　　（意外灾害）

　　管理费用

　　贷：待处理财产损溢——待处理流动资产损溢

7.2 生产费用在完工产品和在产品之间分配的方法

区分完工产品和在产品之后，下面就是将归集的产品成本在完工产品与在产品之间进行分配，其计算公式为：

$$本月生产费用=本月完工产品成本+月末在产品成本 \quad (7.1)$$

假如采用公式(7.1)，意味本月生产的产品都是本月才开始生产，所以仅需分配本月生产费用，但更一般的情况是上个月有未完工的产品，本月继续进行加工，那么本月需要分配的生产费用应该还有包括上月末在产品成本，同时上月末在产品成本就是下月初在产品成本，所以公式(7.1)可以变为：

$$月初在产品成本+本月生产费用=本月完工产品成本+月末在产品成本 \quad (7.2)$$

假如使用(7.2)意味着是按照某一标准，将成本在本月完工产品与月末在产品之间按照一定比例进行分配，也可以采用另一种方法，即先确定月末在产品成本，然后计算本月完工产品成本，其计算公式为：

$$本月完工产品成本=本月生产费用+月初在产品成本-月末在产品成本 \quad (7.3)$$

综上所述，再结合企业月末在产品的数量多少，变化大小，各项费用比重的大小，以及企业定额管理基础的好坏等具体条件，共有 7 种分配方法：在产品不计算成本法、在产品按固定成本计价法、在产品按所耗原材料费用计价法、约当产量比例法、在产品按完工产品计价法、在产品按定额成本计价法和定额比例法。

1. 在产品不计算成本法

采用这种分配方法，虽然有月末在产品，但不计算成本。这种方法适用于各月月末在产品数量很少的产品。从公式(7.3)可以看出，假如各月月末在产品数量很少，那么月初和月末在产品费用就很小，两者的差额也很小，是否计算在产品成本对本月完工产品成本影响不大。出于简化计算工作的考虑，可以不计算在产品成本。同时，公式(7.3)变成以下公式：

$$本月完工产品成本=本月生产费用 \tag{7.4}$$

即，每月生产费用之和也就是每月完工产品成本。如煤炭工业的采煤，由于工作面小，在产品数量很少，所以月末在产品可以不计算成本。

2. 在产品按固定成本计价法

采用这种分配方法，各月末在产品的成本固定不变。这种方法适用于月末在产品数量较小或在产品数量虽大，但各月间变化不大的产品。因为每月在产品数量很少或者变化很少，那么月初与月末在产品成本之间的差额就很少。同样从公式(7.3)可以看出，本月完工产品成本与本月生产费用相差不多，也是出于简化计算工作的考虑，可以将月初和月末在产品都按照固定成本计价。

在这种分配方法下，每月生产费用之和也就是每月完工产品成本，但要注意的是12月份除外。为了避免相隔时间过长，在产品数量变化较大，通常在每年年末，需要实际盘点在产品的数量，具体计算在产品成本，并通过公式(7.3)计算12月份在产品成本，而盘点计算后的在产品成本将作为下一个年度各月固定的在产品成本。如炼铁企业和化工企业，一般采用此种方法。

3. 在产品按所耗原材料费用计价法

采用这种分配方法，月末在产品只计算其所耗用的原材料费用，不计算工资及福利费等加工费用。这种方法适用于各月末在产品数量较大，各月在产品数量变化也较大，但原材料费用在成本中所占比重较大的产品。因为月末在产品数量较大，且各月在产品数量变化也较大，所以前两种方法均不适用。由于原材料费用在成本中所占比重较大，工资、制造费用在成本中所占比重就小，而作为未完工的在产品，工资、制造费用所占比例就更小，月初和月末在产品成本中工资、制造费用间的差额自然也小。从公式(7.3)可以看出，假如月末在产品成本中只计算原材料费用，则可以简化计算，且对本月完工产品成本的影响也很小。因此，就出现了在产品按所耗原材料费用计价法。因为在产品只计算原材料费用，从公式(7.3)看出，本月产品的工资、制造费用将全部由完工产品成本负担。这种方法的计算步骤如下：

(1) 原材料费用分配率=(月初在产品所负担的原材料费用+本月发生原材料费用)÷(完工产品数量+月末在产品数量)

(2) 完工产品成本=完工产品数量×原材料费用分配率+其他费用

(3) 月末在产品成本=月末在产品数量×原材料费用分配率

【例7-1】 某民营中小企业生产产品甲，原材料在生产开始时一次性投入。月初在产品费用为40 000元，本月发生费用120 000元，其中原材料费用90 000元，其他费用30 000元。本月完工产品700件，月末在产品600件。计算完工产品费用和月末在产品费用。根据上述步骤，计算过程如下：

原材料费用分配率=(40 000+90 000)÷(700+600)=100

完工产品成本=700×100+30 000=100 000(元)

月末在产品成本=600×100=60 000(元)

如纺织、造纸和酿酒等企业，原材料费用所占比重较大，多采用这种分配方法。

问题与思考

请思考一下，计算出完工产品成本之后，是否还有其他方法可以计算月末在产品成本？

4. 约当产量比例法

采用这种分配方法时，将月末在产品数量按其完工程度折算为相当于完工产品的产量，即约当产量，然后按照完工产品产量与月末在产品约当产量的比例分配计算本月完工产品成本和月末在产品成本。这种方法适用于月末在产品数量较大，且变化也较大，产品成本中原材料费用和加工费用比重相差不多的产品。这种分配方法的计算步骤如下。

步骤一：在产品约当产量＝在产品数量×完工百分比

步骤二：某项费用分配率＝该项费用总额÷(完工产品数量＋在产品约当产量)

步骤三：完工产品该项费用＝完工产品产量×该项费用分配率

步骤四：在产品该项费用＝在产品约当产量×该项费用分配率＝该项费用总额－完工产品该项费用

步骤五：完工产品成本＝各项费用之和；月末在产品成本＝各项费用之和

采用这种分配方法，确定在产品的约当产量是关键，根据各类费用的不同投入方式，有不同的计算方法。

(1) 分配原材料费用时计算约当产量的方法有 4 种情况：

① 原材料在生产开始时一次性投入，则上述计算“步骤一”中完工百分比为 100%。

② 原材料投入程度和生产工时投入的进度一致，则上述计算“步骤一”中完工百分比为

[(前面各道工序工定额之和＋本工序工×50%定额)÷产品工时定额]×100%

③ 原材料随着生产进度陆续投入，则上述计算“步骤一”中完工百分比为

[(前面各道工序原材料消耗定额之和＋本工序原材料消耗定额×50%)÷品原材料消耗定额]×100%

④ 原材料在每道工序开始时一次性投入，则上述计算“步骤一”中完工百分比为

[(前面各道工序原材料消耗定额之和＋本工序原材料消耗定额)÷产品原材料消耗定额]×100%

问题与思考

请思考一下，为什么原材料的投入方式不同，计算完工百分比的公式也会不同？

(2) 工资、福利费、制造费用等其他费用计算约当产量时上述计算“步骤一”中完工百分比为

[(前面各道工序工定额之和＋本工序工定额×50%)÷产品工定额]×100%

【例 7－2】 某一民营中小企业经由两道工序生产产品甲，月初在产品费用 400 元，其中原材料费用 100 元，其他费用 300 元，本月发生费用 600 元，其中原材料费用 200 元，其他费用 400 元。月末，完工产品 10 件，在产品 20 件，其中第一道工序在产品 8 件，第二道工序在产品 12 件。已知生产产品的原材料消耗定额：第一道工序为 6 千克，第二道工序为 10 千克。生产产品的工时定额：第一道工序为 3 小时，第二道工序为 7 小时。

(1) 假如原材料在生产开始时一次性投入，计算本月完工产品成本和月末在产品成本过程如下：

① 分配原材料费用。

在产品约当产量＝8＋12＝20(件)

原材料费用分配率＝(100＋200)÷(10＋20)＝10

本月完工产品原材料费用＝10×10＝100(元)

月末在产品原材料费用＝20×10＝200(元)

② 分配其他费用。

第一道工序在产品约当产量＝8×[(3×50%)÷(3＋7)]×100%＝1.2(件)

第二道工序在产品约当产量＝12×[(3＋7×50%)÷(3＋7)]×100%＝7.8(件)

在产品的约当产量＝1.2＋7.8＝9(件)

其他费用分配率＝(300＋400)÷(10＋9)≈36.84

本月完工产品其他费用＝10×36.84＝368.4(元)

月末在产品其他费用＝300＋400－368.4＝331.6(元)(使用倒计，因为分配率是小数点后保留过)

本月完工产品成本＝100＋368.4＝468.4(元)

月末在产品成本＝200＋331.6＝531.6(元)

(2) 假如原材料投入程度与生产工序投入进度一致，则计算本月完工产品成本和月末在产品成本的过程如下：

第一道工序在产品约当产量＝8×[(3×50%)÷(3＋7)]×100%＝1.2(件)

第二道工序在产品约当产量＝12×[(3＋7×50%)÷(3＋7)]×100%＝7.8(件)

在产品的约当产量＝1.2＋7.8＝9(件)

费用分配率＝(400＋600)÷(10＋9)≈52.63

本月完工产品成本＝10×52.63＝526.3(元)

月末在产品成本＝400＋600－526.3＝473.7(元)

(3) 假如原材料随着生产进度陆续投入，则计算本月完工产品成本和月末在产品成本的过程如下：

① 分配原材料费用。

第一道工序在产品约当产量＝8×[(6×50%)÷(6＋10)]×100%＝1.5(件)

第二道工序在产品约当产量＝12×[(6＋10×50%)÷(6＋10)]×100%＝8.25(件)

在产品的约当产量＝1.5＋8.25＝9.75(件)

原材料费用分配率＝(100＋200)÷(10＋9.75)≈15.19

本月完工产品原材料费用＝10×15.19＝151.9(元)

月末在产品原材料费用＝100＋200－151.9＝148.1(元)

② 分配其他费用。

第一道工序在产品约当产量＝8×[(3×50%)÷(3＋7)]×100%＝1.2(件)

第二道工序在产品约当产量＝12×[(3＋7×50%)÷(3＋7)]×100%＝7.8(件)

在产品的约当产量＝1.2＋7.8＝9(件)

其他费用分配率＝(300＋400)÷(10＋9)≈36.84

本月完工产品其他费用＝10×36.84＝368.4(元)

月末在产品其他费用＝300＋400－368.4＝331.6(元)

本月完工产品成本＝151.9＋368.4＝520.3(元)

月末在产品成本＝148.1＋331.6＝479.7(元)

(4) 假如原材料在每道工序开始时一次性投入，计算本月完工产品成本和月末在产品成本过程如下：

① 分配原材料费用。

第一道工序在产品约当产量＝8×[6÷(6＋10)]×100%＝3(件)

第二道工序在产品约当产量＝12×[(6＋10) ÷(6＋10)]×100%＝12(件)

在产品的约当产量＝3＋12＝15(件)

原材料费用分配率＝(100＋200)÷(10＋15)＝12

本月完工产品原材料费用＝10×12＝120(元)

月末在产品原材料费用＝100＋200－120＝180(元)

② 分配其他费用。

第一道工序在产品约当产量＝8×[(3×50%)÷(3＋7)]×100%＝1.2(件)

第二道工序在产品约当产量＝12×[(3＋7×50%)÷(3＋7)]×100%＝7.8(件)

在产品的约当产量＝1.2＋7.8＝9(件)

其他费用分配率＝(300＋400)÷(10＋9) ≈36.84

本月完工产品其他费用＝10×36.84＝368.4(元)

月末在产品其他费用＝300＋400－368.4＝331.6(元)

本月完工产品成本＝120＋368.4＝488.4(元)

月末在产品成本＝180＋331.6＝511.6(元)

5. 在产品按完工产品计价法

采用这种分配方法时，在产品视同完工产品分配费用。这种方法适用于月末在产品已经接近完工或已经完工，只是尚未验收入库的产品。因为在这种情况下的在产品已经基本加工完毕或已经加工完毕，在产品的成本和完工产品的成本基本相等或相等，为了简化计算，可以将在产品按完工产品计价。

6. 在产品按定额成本计价法

采用这种分配方法时，月末在产品的各项费用按各该费用定额计算，也即月末在产品成本按其数量和单位定额成本计算。这种方法适用于定额管理基础较好，各项消耗定额或费用定额比较准确、稳定，而且月末在产品数量变动不大的产品。这种方法的计算公式为：

月末在产品成本＝月末在产品数量×在产品单位定额成本

本月完工产品成本＝月初在产品成本＋本月发生的生产费用－月末在产品成本

【例 7-3】 某民营中小企业生产甲产品，某月份月初在产品成本和本月发生的生产费用共计 1 000 元，其中原材料费用 500 元，工资费用 200 元，制造费用 300 元。本月完工产品 30 件，月末在产品 5 件。该产品原材料在生产开始时一次性投入，月末在产品完成定额工时 10 小时。该产品的定额资料如下：原材料费用定额 10 元，人工费用定额 2 元，制造费用定额 3 元。计算本月完工产品与月末在产品成本的步骤如下：

月末在产品成本＝5×10＋10×2＋10×3＝100(元)

本月完工产品成本＝1 000－100＝900(元)

问题与思考

为什么采用在产品按定额成本计价法时要求月末在产品数量变动不大？如果月末在产品数量变动较大，应该采用什么方法？

7. 定额比例法

采用这种分配方法时，其生产费用按完工产品与月末在产品定额消耗量或定额费用的比例进行分配。这种方法适用于定额管理基础较好，各项消耗定额或费用定额比较准确、稳定，但各月末在产品数量变动较大的产品。因为各月末在产品数量变化较大，即使消耗定额或费用定额准确、稳定，两者脱离费用定额差异的差额仍会较大，如果继续采用前述定额成本法，从公式(7.3)可以看出，将把较大的差额计入完工产品成本，从而影响成本的准确性，所以这时采用定额比例法，分配结果会比较合理，而且便于将实际费用与定额费用相比较，考核和分析定额的执行情况。定额比例法的计算步骤如下。

步骤一：某项费用分配率=(月初在产品实际费用+本月实际费用)÷(本月完工产品定额消耗量/工时/费用+月末在产品定额消耗量/工时/费用)

因为，月初在产品成本+本月生产费用=本月完工产品成本+月末在产品成本，所以此公式也可变为：

某项费用分配率=(月初在产品实际费用+本月实际费用)÷(月初在产品定额消耗量/工时/费用+本月投入的定额消耗量/工时/费用)

步骤二：本月完工产品成本=本月完工产品定额消耗量/工时/费用×某项费用分配率

步骤三：月末在产品成本=月末在产品定额消耗量/工时/费用×某项费用分配率

【例7-4】 甲产品由A、B两种零件制成。其单位零件的原材料费用定额为：A零件10元，B零件8元。原材料在零件投产时一次投入。甲产品本月完工800台，月末在产品的盘存数量为：A零件480件，B零件520件，其单位工时定额分别为4小时、3小时。甲产品单台原材料定额为18元，工时定额为8小时。另月初和本月发生的费用之和为：原材料费用14 016元，工资及福利费7 410元，制造费用6 916元，成本合计28 342元。按定额比例法分配甲产品的完工产品和月末在产品成本，见表7-2。

表7-2 完工产品与月末在产品费用分配表

摘要		原材料	工资及福利费	制造费用	成本合计
费用合计		14 016	7 410	6 916	28 342
分配率		0.6③	0.75⑧	0.7	—
完工产品成本	定额	14 400①	6 400⑥	—	—
	实际	8 640④	4 800⑨	4 480	17 920
在产品成本	定额	8 960②	3 480⑦	—	—
	实际	5 376⑤	2 610⑩	2 436	10 422

注：①800×18=14 400；②480×10+520×8=8 960；③14 016÷(14 400+8 960)=0.6；④14 400×0.6=8 640；⑤8 960×0.6=5 376；⑥800×8=6 400；⑦480×4+520×3=3 480；⑧7 410÷(6 400+3 480)=0.75；⑨6 400×0.75=4 800；⑩3 480×0.75=2 610；制造费用计算方法和直接人工相同，其他数字题中已经给出，或者通过加总得到。

7.3 完工产品成本结转的核算

生产费用在完工产品与在产品之间分配后，企业就知道了本月完工产品的成本，现在需要按照不同的产品品种将完工产品成本进行结转，账务处理如下：

借：库存商品(基本生产车间)

　　周转材料(辅助生产车间自制工具、模具入库)

　　原材料(辅助生产车间修理用备件入库)

　　贷：基本生产成本

结转之后，“基本生产成本”账户的借方余额表示本月在产品成本，下月将继续加工。

同步测试题

一、单项选择题

1. 某种产品经两道工序加工而成。其原材料分两道工序在每道工序开始时一次投入；第一工序原材料消耗定额 75 千克，第二工序原材料消耗定额 100 千克。据此算出的第二工序在产品完工率为(　　)。

A. 50%　　B. 66%　　C. 100%　　D. 80%

2. 以完工产品和月末在产品的数量比例分配计算完工产品与月末在产品的原材料费用，必须具备的条件是(　　)。

A. 原材料陆续投入　　B. 原材料在生产开始时一次投入

C. 在产品原材料费用比重较大　　D. 各项消耗定额比较准确、稳定

3. 如果产品成本中的原材料费用所占比重很大，原材料随生产进度逐渐投入生产，为了简化成本计算工作，在分配完工产品与月末在产品费用时，应该采用的方法是(　　)。

A. 约当产量比例法

B. 在产品按所耗原材料费用计价，原材料费用按约当产量比例分配

C. 在产品按所耗原材料费用计价

D. 原料费用按约当产量比例分配

4. 狭义的在产品是指(　　)。

A. 正在车间加工的在产品　　B. 需进一步加工的半成品

C. 对外销售的自制半成品　　D. 产成品

5. 在产品按所耗原材料费用计价法，适用于(　　)。

A. 各月在产品数量变化较大的产品

B. 各月末在产品数量较大的产品

C. 原材料费用在成本中所占比重较大的产品

D. 同时具备以上 3 个条件的产品

6. 各月末在产品数量较小，或者在产品数量虽大，但各月之间变化不大的产品，适用的

分配方法是(　　)。

A. 在产品按定额成本计价法　　B. 在产品按完工产品计算法

C. 约当产量法　　D. 在产品按固定成本计价法

二、多项选择题

1. 广义在产品包括(　　)。

A. 尚在各步骤加工的在产品

B. 转入各半成品库准备继续加工的半成品

C. 对外销售的自制半成品

D. 已入库的外购半成品

E. 等待返修的废品

2. 在产品发生盘亏和毁损后，经批准进行处理时，应分别不同原因借记的科目有(　　)。

A. 基本生产成本　　B. 辅助生产成本

C. 制造费用　　D. 营业外支出

E. 其他应收款

3. 采用定额比例法分配完工产品和在产品费用，应具备的条件是(　　)。

A. 定额管理基础较好　　B. 月末在产品数量变化较大

C. 月末在产品数量变化较小　　D. 月末在产品数量较少

E. 各项消耗定额或费用定额较准确、稳定

4. 各月份在产品数量较多而且变化也较大，在完工产品与月末在产品之间分配生产费用时，不宜采用的方法有(　　)。

A. 约当产量比例法　　B. 在产品按固定成本计价法

C. 在产品按定额成本计价法　　D. 在产品不计算成本法

E. 定额比例法

5. 广义的在产品是指(　　)。

A. 全部加工中的在产品和半成品

B. 尚在本步骤中加工中的在产品

C. 转入各半成品库的半成品

D. 准备对外销售的半成品

E. 已从半成品库转到以后各步骤进一步加工，尚未最后制成的半成品

6. 产成品和在产品的盘亏与毁损在批准处理时，可能借记(　　)科目，贷记“待处理财产损溢”科目。

A. “管理费用”　B. “制造费用”　C. “其他应收款”　D. “营业外支出”

E. “基本生产成本”

7. 下列适用于约当产量比例法的有(　　)。

A. 月末在产品数量较大

B. 月末在产品接近完工

C. 各月末在产品数量变化较大

D. 产品成本中原材料费用和工资等其他费用比重相差不大

E. 产品成本中原材料费用和工资等其他费用比重相差较大

三、判断题

1. 各月末在产品数量变化不大的产品，可以不计算月末在产品成本。　（　）

2. 在产品按其所耗原材料费用计价时，本月发生的其他费用全部计入完工产品成本。　（　）

3. 在产品按所耗原材料费用计价时，都应按完工产品与月末在产品的数量比例分配其原材料费用。　（　）

4. 月末在产品数量较小，或者虽然月末在产品数量较大，但各月末在产品数量变化不大的企业，适合用在产品按固定成本计价法。　（　）

5. 不计算在产品成本法适用于月末没有在产品的产品。　（　）

四、实训题

1. 某企业生产A产品需顺序经过三道工序连续加工才能完成，在产品在各工序的完工程度均为50%。具体资料见表7-3。

表7-3　三道工序加工进度表

项　目	一工序	二工序	三工序	合计
工时定额/小时	40	60	100	200
在产品数量/件	70	60	80	210

要求：根据下列资料计算各工序的在产品完工率及全部在产品约当产量。

第一工序在产品完工率＝

第二工序在产品完工率＝

第三工序在产品完工率＝

在产品约当产量＝

2. 某企业甲产品的原材料在生产开始时一次投入，产品成本中的原材料费用所占比重很大，月末在产品按其所耗原材料费用计价。其月初在产品费用为1 000元，该月生产费用为原材料8 500元，直接人工4 000元，制造费用6 000元。该月完工产品900件，月末在产品50件。

要求：分配计算甲产品的完工产品成本和月末在产品成本。

3. 某厂加工甲产品，原材料在生产开始时投入50%，其余50%在产品加工到90%时再投入。工费随加工进度均匀发生。月初加本月生产费用合计为：原材料30 000元，直接工资9 120元，制造费用3 040元；本月完工280件，月末在产品40件，完工程度为60%。

要求：

(1) 分别计算原材料、直接工资、制造费用分配率。

(2) 按约当产量比例法计算完工产品与月末在产品成本。

4. 某产品分两道工序制成。其工时定额为：第一道工序 10 小时，第二道工序 40 小时，每道工序按本道工序工时定额的 50%计算。在产品数量为：第一道工序 150 件，第二道工序 300 件。月末完工产品 305 件，月初在产品和本月发生的工资及福利费共计 3 220 元。

要求：

(1) 计算两道工序在产品的完工率。

(2) 计算月末在产品约当产量。

(3) 按约当产量比例分配计算完工产品和月末在产品的工资及福利费。

5. 某种产品经两道工序制成，原材料随加工进度陆续投入。原材料消耗定额为：第一道工序 40%，第二道工序 60%。其月末在产品数量为：第一道工序 300 件；第二道工序 400 件。该月完工产品为 600 件。月初和本月发生的费用为：原材料费用 28 200 元，加工费用 16 920 元。

要求：按约当产量比例法分配原材料费用和加工费用，并填制表 7-4。

表 7-4　原材料和加工费用表

项　　目	原材料费用	加工费用	费用合计
本月费用			
完工产品数量及在产品约当产量			
单位成本			
完工产品成本			
月末在产品成本			

6. 某民营中小企业分两道工序生产甲产品，某月份月初在产品成本和本月发生的生产费用共计 38 500 元，其中原材料费用 22 300 元，工资费用 9 200 元，制造费用 7 000 元。本月完工产品 300 件，月末在产品 150 件，其中第一道工序 80 件，第二道工序 70 件。该产品原材料在生产开始时一次性投入，月末在产品第一道工序工时定额 4 小时，第二道工序工时定

额2小时。该产品的定额资料如下：原材料费用定额50元，人工费用定额4元，制造费用定额3元。

要求：计算本月完工产品与月末在产品成本。

7. 某企业采用定额比例法计算分配A产品的完工产品和月末在产品成本，20××年8月份有关生产费用见表7-4(填制后)，本月完工产品定额工时6 000小时，月末在产品的定额工时为2 400小时。

要求：根据以上资料完成表7-5（原材料费用按定额费用比例分配，其他各项费用按定额工时比例分配，费用分配率计算结果保留到小数点后四位数，其他计算结果保留到小数点后两位数）。

表7-5　产品成本计算表

成本项目		原材料	工资及福利费	制造费用	合　计
月初在生产费用/元		7 901	1 900	2 500	
本月生产费用/元		10 560	8 563	7 955	
生产费用累计/元					
费用分配率					—
完工产品费用	定额	10 000元	6 000小时	—	—
	实际/元				
月末在产品费用	定额	5 900元	2 400小时	—	—
	实际/元				

第 8 章　产品成本计算方法概述

学习目标

1. 了解各种产品计算方法。
2. 理解在不同情况下应采用不同的产品成本计算方法。
3. 掌握各种产品计算方法的特点，会根据企业的不同情况选择不同的产品计算方法。

引　例

小何刚刚从一家食品企业跳槽到服装企业。原本的食品企业是按照产品品种组织生产的，因此在计算产品成本时，也是以产品品种为计算对象。而现在这个服装企业是按照批别来组织生产的，一个批别中常常有多个品种的服装，假如继续按照产品品种来计算产品成本，似乎非常麻烦，那是否有其他简便的方法呢？除了生产类型，企业的管理要求对产品成本计算方法的选择有什么影响呢？

8.1　影响产品成本计算方法的因素

前面已经介绍过工业企业应该根据生产特点和管理要求来确定产品成本计算的方法。计算产品成本，首先要确定产品成本计算的对象，然后在各个成本计算对象之间归集和分配费用，最后将生产费用在完工产品与在产品间直接进行分配。前面讲述的产品计算程序均以产品品种为计算对象。实际上，生产特点不同，管理要求不同，产品成本计算对象也会有所不同。生产特点和管理要求对产品成本计算方法的影响，主要也是表现在产品成本计算对象的确定上。

8.1.1　生产特点对产品成本计算方法的影响

1. 企业按照生产特点进行分类

企业的生产特点主要包括生产的工艺过程和组织方式两个方面，按照工艺过程和组织方式的不同，可以将企业分为不同的类型。

1）按照工艺过程分类

工业企业的生产，按照工艺过程可以分为单步骤生产和多步骤生产两种类型。

（1）单步骤生产是指产品生产的工艺过程不能间断，或者虽能间断但不便于或不需要划分为几个步骤的产品生产，如发电、采煤等企业的生产均属于此类型。

（2）多步骤生产是指产品生产的工艺过程可以间断，可以分散在不同时间、地点进行的产品生产。多步骤生产按照产品加工方式的不同又可以分为连续式生产和平行式生产。连续式生产是指产品的加工过程是连续不断的，即将原材料投入生产后，要顺序经过若干个步骤，最终才能制成企业的产成品，如纺织、钢铁等企业的生产均属于此类型。以这种方式进行生产的企业，只有最后一个步骤的完工产品才能称为产成品，而其他步骤的完工产品只能称为半成品。平行式生产是指产品各个零部件的生产是平行进行的，即将原材料投入各个不同的生产部门，平行地生产出产成品所需的各种零部件，最后再将零部件进行组装，制成企业的产成品，如自行车、船舶等企业的生产均属于此类型。

2）按照组织方式分类

工业企业的生产，按生产组织可以分为大量生产、成批生产、单件生产 3 种类型。

（1）大量生产要求连续不断地重复生产一种或多种产品，如面粉、食糖、化肥、采掘、钢铁和纺织等的生产都属于此类型。

（2）成批生产是指按规定的产品批别和数量，定期或不定期地对某种产品重复进行的生产。成批生产分为大批生产和小批生产。大批生产往往在一段时间内不断重复生产一种或多种产品，因而类似于大量生产，如木器生产等属于此类型。小批生产的产品批量较小，一批产品一般可以同时完工，如服装生产等属于此类型。

（3）单件生产均按件组织生产，如造船和重型机械制造生产属于此类型。同时，因为小批生产的产品批量较小，所以单件生产类似于小批生产。

以上就是企业按照生产特点进行分类的结果，但都是分别按照工艺过程或组织方式进行分类的。其实两者需要结合考虑，如某一企业是大量大批单步骤生产，还是大量大批多步骤生产。那么，不同类型企业的成本计算方法究竟有什么不同呢？下面将讲述生产特点对产品成本计算方法的影响。

问题与思考

一般而言，企业的分类并不是独立的，结合两种分类结果，你认为工业企业可以分为哪些类型？

2. 生产特点对产品成本计算方法的影响

生产特点对产品成本计算方法的影响体现在很多方面，下面主要介绍一下生产特点对成本计算对象、生产费用如何计入产品成本、成本计算期以及生产费用在完工产品和在产品之间如何分配的影响。

1）生产特点对成本计算对象的影响

对于大量大批单步骤生产的企业来说，因为它是在重复地生产一种产品，而且没有自制半成品，所以只能以产品品种作为成本计算对象。对于大量大批多步骤生产的企业来说，它虽然也是在重复地生产一种产品，但可能存在自制半成品，因此，它可以选择先独立地计算各个步骤半成品的成本，然后再汇总得出产成品的成本。此时，企业就是以产品步骤作为成本计算对象。对于小批单件生产的企业来说，一般都是按照客户的订单，单件或按批别组织生产，因此往往以单件或者批别作为成本计算对象。

2）生产特点对生产费用如何计入产品成本的影响

第2章中提到，生产费用按其计入产品成本的方法，可分为直接计入费用和间接计入费用。直接计入费用是指费用发生时，就能明确归属于某一成本计算对象，并能直接计入该成本计算对象的费用。间接计入费用是指费用发生时无法归属于某一成本计算对象，必须先按地点或用途进行归集，然后通过分配间接计入各成本计算对象的费用。对于单件生产的企业来说，所有的费用都是为了固定某件产品而耗费的，因此所有的费用在发生时就可以明确归属于哪一个成本计算对象，因此都可以直接计入该件产品，而对于成批生产或者大量生产的企业来说，费用可能是直接计入费用，也可能是间接计入费用，关键要看费用发生时，能否将此费用明确归属于某一成本计算对象。

3）生产特点对成本计算期的影响

成本计算期是指多久计算一次产品成本。对于大量大批生产的企业来说，因为企业需要不间断地生产产品，往往生产周期很长，假如等到产品生产完再计算产品成本，就不利于企业及时掌握成本资料，因此，这种类型的企业往往需要按月计算产品成本。成本计算期与产品生产周期不一致，但是与会计报告期一致。对于小批单件生产的企业来说，因为企业的生产不重复或重复少，而且批量小，一般可以等到某批或某件产品生产完再计算产品成本，即成本计算期与产品生产周期一致，但一般与会计报告期不一致。

4）生产特点对生产费用在完工产品与在产品之间如何分配的影响

大量大批生产的企业，由于成本计算期与产品生产周期不一致，往往会出现月末计算产品成本时，有些产品已经完工，而有些产品还未完工的情况。这时就需要将当月的生产费用在完工产品与在产品之间进行分配。小批单件生产的企业，由于成本计算期与产品生产周期一致，因此，在计算产品成本时产品已经全部完工，就不存在生产费用在完工产品与在产品之间分配的问题。

8.1.2 管理要求对产品成本计算方法的影响

除了生产特点对产品成本计算方法有影响，管理要求对产品成本计算方法也有影响。从成本管理上看，企业掌握的成本资料可以为企业的经营决策、制定价格、降低成本、提高效益以及员工评价等多方面提供参考，因此资料越详细越好，越充分越好。但是资料要做得细、做得多，就会使得核算工作量增加，最终导致企业成本上升。因此，成本计算方法的选择一定要适合企业的管理要求。

例如，大量大批多步骤生产的企业，并不都需要分步骤核算产品成本。假如管理上需要，譬如某些步骤的自制半成品是对外销售的，需要知道自制半成品的成本以确定价格，那么此时企业才需要以产品的生产步骤作为成本计算对象。假如管理上确实没必要知道每一步骤的产品成本，那么企业仍然可以以产品品种为成本计算对象。再如，小批单件生产的企业，虽然往往是按照客户订单组织生产，并以客户订单作为成本计算对象的。但有时为了达到方便、合理计算产品成本的目的，也可以对客户订单进行必要的归并或细分，然后以重新组合的产品批别为成本计算对象。

8.2 产品成本计算的方法

产品成本的计算方法有基本方法和辅助方法，其中基本方法有品种法、分批法和分步法，辅助方法有分类法和定额法。下面简单介绍一下各种方法的特点、适用范围以及使用情况。

8.2.1 产品成本计算的基本方法

综上所述，结合产品的生产工艺过程、组织方式和管理要求，产品成本计算的方法有3种：

(1) 按照产品的品种计算产品成本，这种方法以产品品种为成本计算对象，称为品种法。

(2) 按照产品的批别计算产品成本，这种方法以产品批别为成本计算对象，称为分批法。

(3) 按照产品的生产步骤计算产品成本，这种方法以产品生产步骤为成本计算对象，称为分步法。

从这里可以看出，虽然生产特点对成本计算方法的影响体现在很多方面，但最主要的还是对成本计算对象的影响，因为成本计算对象是区分成本计算方法的主要标志。

以上各种成本计算方法及其适用范围见表8-1。

表8-1 产品成本计算方法

成本计算方法	生产组织	工艺过程和管理要求
品种法	大量大批	单步骤生产或管理上不要求分步骤计算成本的多步骤生产
分批法	小批单件	单步骤生产或管理上不要求分步骤计算成本的多步骤生产
分步法	大量大批	管理上要求分步骤计算成本的多步骤生产

以上3种方法是计算产品实际成本必不可少的方法，因而是产品成本计算的基本方法。

根据生产特点对成本计算方法的影响，可以看到不同的成本计算方法有不同的特点，见表8-2。

表 8-2 产品成本计算方法的特点

成本计算方法	成本计算对象	成本计算期	生产费用在完工产品与在产品之间如何分配
品种法	产品品种	按月计算，与会计报告期一致	一般需要计算
分批法	产品批别	不定期计算，与生产周期一致	一般不需计算
分步法	产品生产步骤	按月计算，与会计报告期一致	一般需要计算

问题与思考

假设某民营中小企业是一要求提供半成品资料的纺织企业，那么它应该选择哪种成本计算方法？

8.2.2 产品成本计算的辅助方法

除了上述 3 种产品成本计算的基本方法外，还有两种辅助方法——分类法和定额法。

1. 分类法

分类法是一种简便的产品成本计算方法。分类法一般在产品品种、规格繁多，但又可以按照一定要求划分为若干类别时使用。因为产品不再按照繁多的品种归集费用、计算成本，只是按照不同类别计算成本，类内再按照一定的分配方法分配计算各品种产品的成本即可，所以给成本计算工作带来了方便。

2. 定额法

定额法是一种加强成本管理的产品成本计算方法。定额法一般在定额管理工作比较好的企业使用，它将产品生产的实际成本分为按现行定额计算的定额成本、脱离现行定额的差异、原材料或半成品成本差异和月初在产品定额变动差异 4 个部分。通过对产品成本脱离定额差异的核算，可以及时了解产品成本的变化情况，加强成本控制。而将实际成本分为 4 个部分，又可以便于分析产品成本的变化原因，明确降低成本的方向。

分类法和定额法都是为了某一特定目的而采用的成本计算方法，并不是计算产品实际成本必不可少的方法，因而通常称为辅助方法。因为分类法和定额法只是为了某种特定目的所采用的辅助方法，所以它并不能单独使用，都需要与其他基本方法一起使用。

8.2.3 产品成本计算方法的运用

前面将各种成本计算方法独立地做了介绍，但是在实际工作中，一个企业并不是只能采用一种方法。有时为了生产特点和管理要求的需要，企业往往要将各种成本计算方法进行综合应用。这种综合应用一般分为两种情况：一种是同时采用；另一种是结合运用。

几种成本计算方法同时采用是指一个企业对于不同的产品采用不同的成本计算方法。当一个企业设有多个车间时，这种情况就很容易出现。譬如某一企业既设有基本生产车间，又设有辅助生产车间，因为基本生产车间生产的是企业销售的产品，而辅助生产车间生产的是企业基本生产车间或其他部门需要的工具与劳务，不同车间需要根据各自生产产品的特点选择合适的成本计算方法，于是就出现了几种成本计算方法同时采用的情况。

例如，某一民营企业是纺织企业，一般属于大量大批生产，同时因为纺织要经过多个步骤完成，所以这一企业的基本生产车间通常采用分步法进行成本计算。而考虑到辅助生产车间提供的工具或劳务仅用来满足本企业的需要，因此一般是小批单价生产，则应采用分批法计算产品成本。这样一来，此企业就同时采用了分步法和分批法。

几种成本计算方法结合运用是指一种产品同时采用不同的成本计算方法。还是刚才那个纺织企业，假如它的纺织品品种规格繁多，企业为了简化核算，还可以结合运用分类法。这样一来，这一企业在计算产品成本时就结合运用了分步法和分类法。

产品成本计算方法的使用是相当灵活的，生产同一种产品的不同企业也可能采用不同的成本计算方法，企业都是根据各自的生产特点和管理要求选择合适的成本计算方法。因此，关键是要掌握各种成本计算方法的适用范围，以后才能结合企业的实际情况选择合适的方法，做到学以致用。

问题与思考

在大家周围有各种类型的工业企业，你能否结合它们的生产特点选择合适它们的成本计算方法？请举例说明。

同步测试题

一、单项选择题

1. 分批法的主要特点是(　　)。
   A. 以产品批别为成本计算对象
   B. 生产费用不需要在批内完工产品与在产品之间进行分配
   C. 费用归集与分配比较简便
   D. 成本计算期长
2. 成本计算的基本方法和辅助方法之间的划分标准是(　　)。
   A. 成本计算工作的繁简
   B. 对于计算产品实际成本是否必不可少
   C. 对成本管理作用的大小
   D. 成本计算是否及时
3. 区分品种法和分批法的主要标志是(　　)。
   A. 成本计算期
   B. 间接费用的分配方法
   C. 产品成本计算对象
   D. 完工产品与在产品之间分配费用的方法
4. 生产特点和管理要求对产品成本计算的影响主要表现在(　　)上。
   A. 完工产品和月末在产品之间分配费用方法的确定
   B. 成本计算对象的确定
   C. 成本计算程序的确定
   D. 成本计算期的确定
5. 在大量大批多步骤生产的情况下，如果管理上不要求分步骤计算产品成本，其所采用的成本计算方法应是(　　)。

A. 品种法　　B. 分类法　　C. 分步法　　D. 分批法

6. 下列方法中，属于产品成本计算辅助方法的是(　　)。

A. 品种法　　B. 分类法　　C. 分步法　　D. 分批法

7. 品种法适用的生产组织是(　　)。

A. 大量大批单步骤　　B. 大量大批多步骤

C. 小批单件单步骤　　D. 小批单价多步骤

8. 分批法适用的生产组织是(　　)。

A. 大量大批单步骤　　B. 大量大批多步骤

C. 小批单件单步骤　　D. 小批单价多步骤

9. 分步法适用的生产组织是(　　)。

A. 大量大批单步骤

B. 小批单件单步骤

C. 大量大批多步骤，且管理上不要求分步骤核算的企业

D. 大量大批多步骤，且管理上要求分步骤核算的企业

二、多项选择题

1. 在确定产品成本计算方法时，应适应(　　)。

A. 企业生产组织特点　　B. 企业生产产品种类多少

C. 企业工艺过程特点　　D. 月末是否有在产品

E. 成本管理要求

2. 成本计算的基本方法有(　　)。

A. 定额法　　B. 分步法

C. 分类法　　D. 分批法

E. 品种法

3. 成本计算的辅助方法有(　　)。

A. 定额法　　B. 分步法

C. 分类法　　D. 分批法

E. 品种法

4. 品种法适用于(　　)。

A. 大量生产

B. 单步骤生产

C. 要求分步计算成本的多步骤生产

D. 单件小批生产

E. 管理上不要求分步骤计算成本的多步骤生产

5. 将分类法和定额法归为产品计算的辅助方法，是因为这两种方法(　　)。

A. 与生产类型特点没有直接的联系

B. 不需与成本计算的基本方法结合使用

C. 对于成本管理并不重要

D. 不是计算产品实际成本必不可少的方法

E. 必须与成本计算的基本方法结合使用

6. 大量大批生产的企业，可能采用的产品成本计算的基本方法有（　　）。

A. 品种法　　B. 分批法

C. 分步法　　D. 定额法

E. 分类法

7. 下列方法中，属于产品成本计算方法的有（　　）。

A. 简化的分批法　　B. 平行结转分步法

C. 系数法　　D. 约当产量比例法

E. 定额比例法

三、判断题

1. 在生产工艺采用多步骤生产的企业，都要求按照生产步骤分步计算成本。（　　）
2. 大量大批多步骤生产的企业均应采用分步法计算产品成本。（　　）
3. 企业可根据不同时期管理上的不同要求，选择采用不同的成本计算方法。（　　）
4. 产品成本计算的基本方法是以产品计算对象为标志来确定的。（　　）
5. 产品成本计算的基本方法可以在成本计算中单独使用，也可以结合使用。（　　）
6. 产品成本计算的辅助方法可以在成本计算中单独使用，也可以结合使用。（　　）
7. 产品成本计算的基本方法有品种法、分批法和分类法。（　　）
8. 品种法只适用于大量大批的单步骤生产。（　　）
9. 分批法是不分步只分批计算产品成本的方法。（　　）
10. 分步法是不分批只分步计算产品成本的方法。（　　）

第9章 品种法

学习目标

1. 了解品种法的特点。
2. 理解品种法的适用范围。
3. 掌握品种法的计算程序，会在实际工作中运用品种法进行成本计算。

引 例

某大学会计班的学生正在学习成本会计这门课程，学完成本计算的品种法后，小王突然说：这不就是把前面几章的内容结合起来，最终计算出产品成本的方法吗？当你学完这章后，你是否会有这样的感觉呢？当你学完其他方法，你能看出这些成本计算方法会有什么区别吗？

9.1 品种法的概述

产品成本计算的品种法是按照产品品种计算产品成本的一种方法。

品种法的特点是：不需要按照产品批别计算产品成本，也不需要按照产品生产步骤计算产品成本，只要求按照产品品种计算产品成本。简而言之：不分批、不分步，只分品种。

根据前面所述，结合生产特点、工艺过程和管理要求，不同企业应选择不同的产品成本计算方法。但不论什么企业，不论何种生产类型，不论管理要求如何，最终都是要按照产品品种计算产品成本。因此，按品种计算成本是产品成本计算最一般、最起码的要求，品种法是最基本的成本计算方法。前面各章所述的内容，实际上就是品种法的一般计算程序。

品种法一般适用于小型水泥厂、铸件熔铸、玻璃制品的熔制、辅助车间的供水、供气、供电等的生产。

9.2 品种法成本核算程序

采用品种法计算产品成本，如果企业生产的产品单一，成本计算对象就是这种产品的成本，只需要为这种产品设立一本产品成本明细账，账内按成本项目设立专项或专行。在这种情况下，为了生产这种产品所发生的费用均为直接计入费用，均可以直接计入产品成本明细账，不需要对这些费用进行分配。如果企业生产的产品有多种，计算过程则要复杂多了。首先企业需要为每种产品设立产品成本明细账。生产过程中只为生产一种产品的费用为直接计入费用，可以直接计入该种产品成本明细账。生产过程中为生产多种产品的费用则为间接计入费用，需要按照一定的方法进行分配之后，才能计入各个产品的成本明细账。

按照前述方法归集生产费用之后，根据月末是否有在产品，采用不同的方法计算本月完工产品成本。如果月末没有在产品，那么产品成本明细账中归集的全部生产费用都是本月完工成品的成本；如果月末没有完工产品，那么产品成本明细账中归集的全部生产费用都是月末在产品的成本；如果月末既有完工产品又有在产品，那么产品成本明细账中归集的全部生产费用就需要按照一定的方法在完工产品和月末在产品直接进行分配。

如果企业产品生产工艺是单步骤、品种单一的，月末没有在产品，或者在产品很少，可以不计算在产品成本，其所采用的品种法也称单一法、简单法或简化的品种法。

品种法的计算程序，即第 3 章～第 7 章内容的集合，如图 9.1 所示。

所有产品成本计算方法的计算流程都类似于此，但注意在图 9.1 中辅助生产车间不通过“制造费用”账户核算。

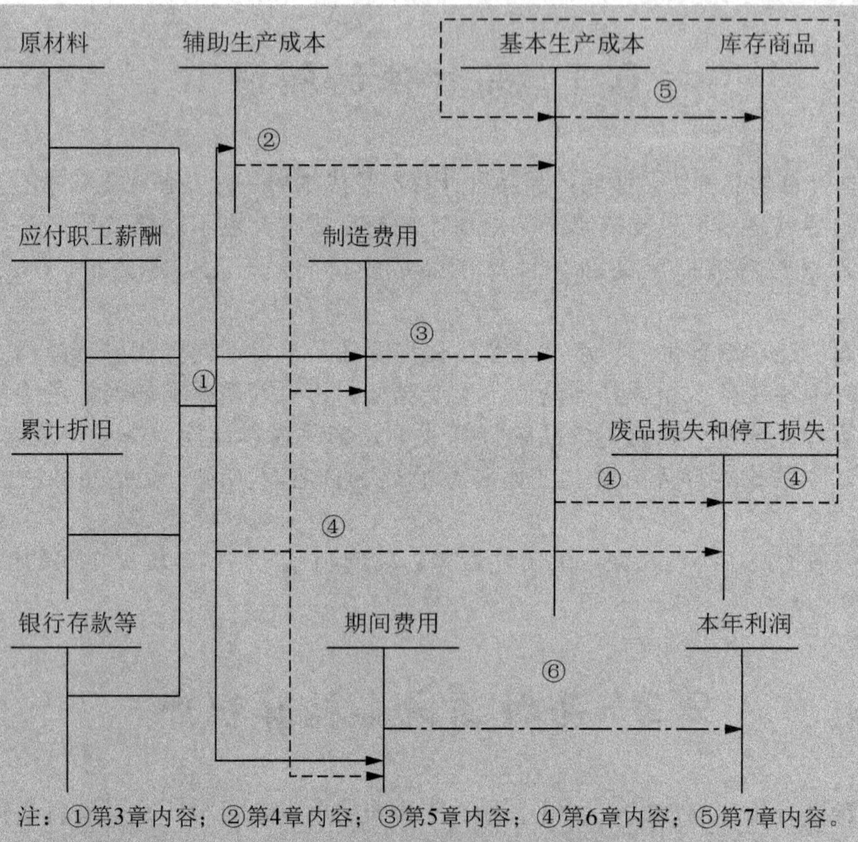

图 9.1 品种法的账务处理程序

9.3 品种法举例

假定某民营中小企业文华公司设有一个基本生产车间，大量生产甲、乙两种产品，其生产工艺过程属于单步骤生产。根据生产特点和管理要求，该企业采用品种法计算产品成本。该企业还设有锅炉和机修两个辅助生产车间。辅助生产车间制造费用不通过“制造费用”账户核算。产品成本包括“直接材料”、“直接人工”、“制造费用”3个成本项目。下面根据该企业××年8月份的资料，说明在品种法下甲、乙产品的成本计算过程。

9.3.1 企业本月有关资料

（1）产量资料见表9-1。

表9-1 产量资料

××年8月　　　　单位：件

产品名称	月初在产品	本月投入	本月完工产品	月末在产品
甲产品	200	2 000	2 000	200
乙产品	100	1 000	1 100	

(2) 月初在产品成本资料见表9-2。

表9-2 月初在产品成本

××年8月　　金额单位：元

产品名称	直接材料	直接人工	制造费用
甲产品	3 500	660	1 500
乙产品	10 000	2 000	6 195

(3) 本月发生原材料费用、人工费用、折旧费用和其他费用见表9-3、表9-4、表9-5和表9-6。

表9-3 本月原材料费用表

××年8月　　金额单位：元

领料用途	直接领用	共同耗用	耗料合计	定额耗用量/千克
甲产品	120 000			350
乙产品				490
小计	120 000	126 000	246 000	
基本生产车间一般耗用	9 500		9 500	
锅炉车间	6 000		6 000	
机修车间	1 200		1 200	
合　计	136 700	126 000	262 700	

表9-4 本月职工薪酬费用表

××年8月　　金额单位：元

人员类别	工资总额	职工福利费（计提比例14%）
甲产品	16 000	2 240
乙产品	9 000	1 260
锅炉车间	7 800	1 092
机修车间	4 600	644
基本生产车间一般耗用	6 200	868
合　计	43 600	6 104

表9-5 折旧费用表

××年8月　　金额单位：元

车间名称	本月折旧额
基本生产车间	8 800
锅炉车间	1 900
机修车间	2 075
合　计	12 775

表 9－6　其他费用表

××年 8 月　　　　金额单位：元

车 间 名 称	成本或费用项目	金　　额
基本生产车间	办公费	860
	保险费	3 980
	其他	2 462
	小计	7 302
锅炉车间	办公费	420
	保险费	1 210
	其他	2 200
	小计	3 830
机修车间	办公费	328
	保险费	462
	其他	1 708
	小计	2 498
合　　计		13 630

(4) 工时记录。甲产品耗用工时为 6 000 小时，乙产品耗用工时为 6 009 小时。

(5) 辅助生产产品及劳务供应量资料见表 9－7。

表 9－7　辅助生产产品及劳务供应量

受 益 单 位	锅炉车间/吨	机修车间/工时	单位计划成本
锅炉车间		180	2 元/吨
机修车间	1 000		7.5 元/小时
基本生产车间	9 000	1 250	
合　　计	10 000	1 430	

计划成本与实际成本的差异全部计入管理费用。

(6) 制造费用按产品生产工时进行分配。

(7) 若月末有在产品，按照约当产量比例法将生产费用在完工产品与在产品之间进行分配，且在产品按完工程度为 50%计算。原材料在生产开始时一次性投入。

9.3.2　成本计算过程

(1) 根据表 9－3 编制材料费用分配表，见表 9－8。

表 9-8 材料费用分配表

××年 8 月　　　　　　　　　　　　　　　　　　金额单位：元

应借账户		成本或费用项目	间接计入			直接计入	合计
			耗用材料/千克	分配率	分配额		
基本生产成本	甲产品	直接材料	350		52 500	120 000	172 500
	乙产品	直接材料	490		73 500		73 500
	小计		840	150	126 000		246 000
辅助生产成本	锅炉车间	材料费				6 000	6 000
	机修车间	材料费				1 200	1 200
	小计					7 200	7 200
制造费用	基本生产车间	材料费				9 500	9 500
合计					126 000	136 700	262 700

会计分录：

借：基本生产成本——甲产品　　172 500
　　　　　　　　——乙产品　　73 500
　　辅助生产成本——锅炉车间　　6 000
　　　　　　　　——机修车间　　1 200
　　制造费用　　9 500
　　贷：原材料　　262 700

(2) 根据表 9-4 编制职工薪酬分配表，见表 9-9。

表 9-9 职工薪酬分配表

××年 8 月　　　　　　　　　　　　　　　　　　金额单位：元

应借账户		成本或费用项目	工资总额	职工福利费(计提比例 14%)
基本生产成本	甲产品	直接人工	16 000	2 240
	乙产品	直接人工	9 000	1 260
	小计		25 000	3 500
辅助生产成本	锅炉车间	福利费	7 800	1 092
	机修车间	福利费	4 600	644
	小计		12 400	1 736
制造费用	基本生产车间	福利费	6 200	868
合计			43 600	6 104

会计分录：

借：基本生产成本——甲产品　　18 240
　　　　　　　　——乙产品　　10 260
　　辅助生产成本——锅炉车间　　8 892

——机修车间　　5 244

制造费用　　7 068

贷：应付职工薪酬——工资　　43 600

——职工福利费　　6 104

(3) 根据表 9—5 和表 9—6 编制折旧及其他费用分配表，见表 9－10。

表 9－10　折旧及其他费用分配表

××年 8 月　　金额单位：元

应借账户	部　　门	成本或费用项目	金　　额
制造费用	基本生产车间	折旧费	8 800
		办公费	860
		保险费	3 980
		其他	2 462
		小计	16 102
辅助生产成本	锅炉车间	折旧费	1 900
		办公费	420
		保险费	1 210
		其他	2 200
		小计	5 730
	机修车间	折旧费	2 075
		办公费	328
		保险费	462
		其他	1 708
		小计	4 573
合　　计			26 405

会计分录：

借：制造费用　　16 102

辅助生产成本——锅炉车间　　5 730

——机修车间　　4 573

贷：累计折旧　　12 775

银行存款　　13 630

(4) 辅助生产费用分配表。

① 根据上述费用分配表归集辅助生产成本，具体数据见表 9－11、表 9－12。

表 9-11 辅助生产成本明细账

车间名称：锅炉车间　　　　　　　　　　　　　　　　　　　　　　　　金额单位：元

××年		凭证号数	摘　要	材料费	人工费	折旧费	办公费	保险费	其他	合计
月	日									
8	31	略	材料费用分配表	6 000						6 000
	31		职工薪酬费用分配表		8 892					8 892
	31		折旧费用分配表			1 900				1 900
	31		其他费用分配表				420	1 210	2 200	3 830
	31		待分配费用合计							20 622

表 9-12 辅助生产成本明细账

车间名称：机修车间　　　　　　　　　　　　　　　　　　　　　　　　金额单位：元

××年		凭证号数	摘　要	材料费	人工费	折旧费	办公费	保险费	其他	合计
月	日									
8	31	略	材料费用分配表	1 200						1 200
	31		职工薪酬费用分配表		5 244					5 244
	31		折旧费用分配表			2 075				2 075
	31		其他费用分配表				328	462	1 708	2 498
	31		待分配费用合计							11 017

② 对于待分配的辅助生产成本，采用计划成本分配法进行分配，具体数据见表 9-13。

表 9-13 辅助生产费用分配表（计划成本分配法）

金额单位：元

<table>
<tr><th colspan="4" rowspan="2">项　目
劳务供应</th><th colspan="2">锅炉车间</th><th colspan="2">机修车间</th><th rowspan="2">合计</th></tr>
<tr><th>数量/吨</th><th>费用</th><th>数量/小时</th><th>费用</th></tr>
<tr><td colspan="4">待分配的费用</td><td></td><td>20 622</td><td></td><td>11 017</td><td>31 639</td></tr>
<tr><td colspan="4">计划单位成本</td><td></td><td>2</td><td></td><td>7.5</td><td></td></tr>
<tr><td rowspan="5">计划成本分配</td><td rowspan="4">应借账户</td><td rowspan="3">辅助生产成本</td><td>锅炉车间</td><td></td><td></td><td>180</td><td>1 350</td><td>1 350</td></tr>
<tr><td>机修车间</td><td>1 000</td><td>2 000</td><td></td><td></td><td>2 000</td></tr>
<tr><td>小计</td><td></td><td>2 000</td><td></td><td>1 350</td><td>3 350</td></tr>
<tr><td>制造费用</td><td>基本生产车间</td><td>9 000</td><td>18 000</td><td>1 250</td><td>9 375</td><td>27 375</td></tr>
<tr><td colspan="3">按计划成本分配合计</td><td></td><td>20 000</td><td></td><td>10 725</td><td>30 725</td></tr>
<tr><td colspan="4">辅助生产实际成本</td><td></td><td>21 972</td><td></td><td>13 017</td><td>34 989</td></tr>
<tr><td colspan="4">辅助生产成本差异</td><td></td><td>+1 972</td><td></td><td>+2 292</td><td>+4 264</td></tr>
</table>

会计分录：

借：辅助生产成本——锅炉车间　　　　　　　　　　　　　　1 350

——机修车间　　2 000

制造费用　　27 375

贷：辅助生产成本——锅炉车间　　20 000

——机修车间　　10 725

借：管理费用　　4 264

贷：辅助生产成本——锅炉车间　　1 972

——机修车间　　2 292

问题与思考

辅助生产成本的分配还有其他4种方法，请采用其他方法对辅助生产成本进行分配。

(5) 根据费用分配表编制制造费用明细账和制造费用分配表，具体数据见表9-14和表9-15。

表9-14　制造费用明细账（基本生产车间）

金额单位：元

××年		凭证号数	摘　要	职工薪酬	机物料消耗	办公费	保险费	折旧费	其他	合计	转出
月	日										
8	31	略	材料费用分配表		9 500					9 500	
	31		职工薪酬费用分配表	7 068						7 068	
	31		折旧费用分配表					8 800		8 800	
	31		其他费用分配表			860	3 980		2 462	7 302	
	31		辅助生产分配表							27 375	
	31		制造费用分配表								60 045
	31		本月合计	7 068	9 500	860	3 980	8 800	2 462	60 045	

表9-15　制造费用分配表

××年8月　　金额单位：元

产品名称	生产工时/小时	分配率/元/小时	分配额
甲产品	6 000		30 000
乙产品	6 009		30 045
合　计	12 009	5	60 045

会计分录：

借：基本生产成本——甲产品　　30 000

——乙产品　　30 045

贷：制造费用　　60 045

问题与思考

请思考一下，还有其他方法可以分配制造费用吗？假如有，会计人员还需要哪些资料，分配的结果会如何改变？

(6) 将生产费用在完工产品与在产品之间进行分配，据此可编制基本生产成本明细账和完工产品成本汇总计算单，具体数据见表9-16、表9-17和表9-18。

表9-16 基本生产成本明细账

月末在产品数量：200件

产品名称：甲产品　　完工产品数量：2 000件　　金额单位：元

××年		凭证号数	摘 要	成本项目			合计
月	日			直接材料	直接人工	制造费用	
			月初在产品成本	3 500	660	1 500	5 660
			材料费用分配表	172 500			172 500
			职工薪酬分配表		18 240		18 240
			制造费用分配表			30 000	30 000
			生产费用合计	176 000	18 900	31 500	226 400
			分配率	80	9	15	
			结转完工产品成本	160 000	18 000	30 000	208 000
			月末在产品成本	16 000	900	1 500	18 400

表9-17 基本生产成本明细账

月末在产品数量：0件

产品名称：乙产品　　完工产品数量：1 100　　金额单位：元

××年		凭证号数	摘 要	成本项目			合计
月	日			直接材料	直接人工	制造费用	
			月初在产品成本	10 000	2 000	6 195	18 195
			材料费用分配表	73 500			73 500
			职工薪酬分配表		10 260		10 260
			制造费用分配表			30 045	30 045
			生产费用合计	83 500	12 260	36 240	132 000
			结转完工产品成本	83 500	12 260	36 240	132 000

表9-18 完工产品成本汇总计算单

金额单位：元

成本项目	甲产品(2 000件)		乙产品(1 100件)	
	总成本	单位成本	总成本	单位成本
直接材料	160 000	80	83 500	75.91
直接人工	18 000	9	12 260	11.15
制造费用	30 000	15	36 240	32.96
合 计	208 000	104	132 000	120

会计分录：

借：库存商品——甲产品　　208 000
　　　　　　——乙产品　　132 000
　　贷：基本生产成本　　340 000

问题与思考

请思考一下，还有其他方法可以在完工产品与在产品之间分配费用吗？假如有，会计人员还需要哪些资料，分配的结果会如何改变？

从上述计算过程可以看出，品种法其实就是前面第 3 章至第 7 章所讲述的内容。当然，例题中成本计算的过程较为简略，如无涉及废品损失等。

问题与思考

请结合此例，将数字填入图 9.1，再看一看账户的月末余额各为多少。

同步测试题

一、单项选择题

品种法适用于(　　)。

A. 大量大批单步骤
B. 小批单件多步骤
C. 大量大批多步骤，管理上不要求分步骤核算
D. 大量大批多步骤，管理上要求分步骤核算

二、多项选择题

多步骤生产的企业，可能采用下列哪种产品成本计算方法？(　　)

A. 品种法　　B. 分批法　　C. 分步法
D. 分类法　　E. 定额法

三、判断题

1. 品种法是按照产品品种计算产品成本的方法。(　　)
2. 品种法只适用于大量大批的单步骤生产。(　　)

四、实训题

假定某企业设有一个基本生产车间，大量生产甲、乙两种产品，该企业采用品种法计算产品成本。该企业还设有供水和锅炉两个辅助生产车间。辅助生产车间制造费用不通过“制造费用”账户核算。产品成本包括“直接材料”、“直接人工”、“制造费用”3 个成本项目。该企业××年 6 月份的资料如下：

(1) 产量资料见表 9-19。

表 9-19 产量资料

××年 6 月 单位：件

产品名称	月初在产品	本月投入	本月完工产品	月末在产品
甲产品	20	100	80	40
乙产品	5	20	25	0

(2) 月初在产品成本资料见表 9-20。

表 9-20 月初在产品资料

××年 8 月 金额单位：元

产品名称	直接材料	直接人工	制造费用
甲产品	350	75	150
乙产品	40	80	250

(3) 本月发生原材料费用、人工费用、折旧费用和其他费用见表 9-21、表 9-22、表 9-23和表 9-24。

表 9-21 本月材料费用表

××年 8 月 金额单位：元

领料用途	直接领用	共同耗用	耗料合计	定额耗用量/千克
甲产品	1 200	1 260		50
乙产品				76
小计	1 200	1 260	2 460	
基本生产车间	950		950	
供水车间	600		600	
锅炉车间	120		120	
合　　计	2 870	1 260	4 130	

表 9-22 本月职工薪酬费用表

××年 8 月 金额单位：元

人员类别	工资总额	职工福利费（计提比例 14%）
甲产品	1 600	224
乙产品	900	126
供水车间	780	109.2
锅炉车间	460	64.4
基本生产车间一般耗用	620	86.8
合　　计	4 360	610.4

表 9-23 折旧费用表

金额单位：元

车间名称	本月折旧额
基本生产车间	450
供水车间	190
锅炉车间	275
合　计	915

表 9-24 其他费用表

金额单位：元

车间名称	成本或费用项目	金　额
基本生产车间	办公费	870
	保险费	398
	其他	2 364
	小计	3 632
供水车间	办公费	500
	保险费	1 200
	其他	2 000
	小计	3 700
锅炉车间	办公费	478
	保险费	582
	其他	1 987
	小计	3 047
合　计		10 379

(4) 工时记录。甲产品耗用工时为 100 小时，乙产品耗用工时为 60 小时。

(5) 辅助生产产品及劳务供应量资料见表 9-25，辅助生产成本按照交互分配法计算。

表 9-25 辅助生产产品及劳务供应量

受益单位	供水车间/吨	锅炉车间/吨
供水车间		24
锅炉车间	10	
基本生产车间	90	40
合　计	100	64

(6) 制造费用按产品生产工时进行分配。

(7) 假如月末有在产品，按照约当产量比例法将生产费用在完工产品与在产品之间进行分配，且在产品按完工程度为 50%计算。但是本企业生产产品时，原材料在生产开始时一次性投入。

请根据以上资料，计算产品成本并填制产品成本明细账表(表 9-26 和表 9-27)和产品成本计算表(表 9-28)。

表 9-26 基本生产成本明细账

产品名称：甲产品

××年		凭证号数	摘　要	成本项目			合　计
月	日			直接材料	直接人工	制造费用	
			月初在产品成本				
			材料费用分配表				
			职工薪酬分配表				
			制造费用分配表				
			生产费用合计				
			分配率				
			结转完工产品成本				
			月末在产品成本				

表 9-27 基本生产成本明细账

产品名称：乙产品

××年		凭证号数	摘　要	成本项目			合　计
月	日			直接材料	直接人工	制造费用	
			月初在产品成本				
			材料费用分配表				
			职工薪酬分配表				
			制造费用分配表				
			生产费用合计				
			结转完工产品成本				

表 9-28 完工产品成本汇总计算单

成本项目	甲产品		乙产品	
	总成本	单位成本	总成本	单位成本
直接材料				
直接人工				
制造费用				

第 10 章　分批法

学习目标

1. 了解分批法的主要特点。
2. 理解分批法的适用范围。
3. 掌握分批法的成本计算。

引　例

创意星空服装厂是一家从事团体T恤衫定制和个人T恤衫定制，融研究、设计、服务、生产和销售于一体的现代化T恤衫生产企业。公司所加工的各类T恤是根据客户的不同要求，用不同的面料，量身定做。因此，创意星空服装厂只能按照客户要求组织生产，而不能像别的制衣厂大量重复生产。创意星空服装厂的这一特点决定了企业应采用分批法进行成本核算，每批产品作为一个核算对象，分别计算每批产品的直接人工、直接材料、制造费用等。那么分批法是如何进行核算的呢？如果采用分批法核算，能否起到简化成本计算的作用呢？

10.1 分批法的特点

10.1.1 分批法的概念

分批法是指以产品的批别作为产品成本核算对象，归集和分配生产成本，计算产品成本的一种方法。这种方法主要适用于根据购买者订单生产的企业，如造船、重型机器制造、精密仪器制造等；也可用于产品种类经常变动的小规模制造厂，如五金工厂等；还可用于一般企业中的新产品试制或试验的生产、在建工程以及设备修理作业等。

10.1.2 分批法的特点

(1) 成本核算对象是产品的批别。由于产品的批别大多是根据销货订单确定的，所以这种方法又称订单法。成本核算对象是购买者事先订货或企业规定的产品批别。

企业根据客户订单开设生产通知单号，车间则根据生产通知单组织生产，仓库根据生产通知单准备材料，会计部门根据生产通知单开设成本计算单或者基本生产成本明细账归集生产费用。如果在一张订单中规定的产品不止一种，为了考核和分析各种成本计划的执行情况，还要按照产品品种划分批别来组织生产，计算各批产品成本。

(2) 产品成本的计算是与生产通知单的签发和结束紧密配合的，因此每批产品只有等全部完工后，才能确定产品的实际成本。所以产品成本计算周期是不固定的。成本计算期与产品生产周期基本一致，但与会计报告期不一致。

(3) 由于成本计算期与产品的生产周期基本一致，所以在计算月末在产品成本时，一般不存在完工产品和在产品之间分配成本的问题。

就小批单件生产来说，批内产品一般是同时完工的，月末计算成本时，如果产品没有完工，成本明细账所归集的都是在产品成本，如果产品全部完工，则全是完工产品成本，因而，月末就不需计算在产品成本。但在批内产品跨月陆续完工的情况下，月末计算成本时，就需要根据具体条件采用适当的分配方法，在完工产品和在产品之间分配生产成本费用，以计算完工产品成本和月末在产品成本。

有些企业为减少在完工产品和在产品之间分配费用的工作量，提高成本计算的正确性和及时性，在合理组织生产的前提下，也可以适当缩小产品的批量，尽量使同一批的产品能够同时完工，避免跨月陆续完工情况。但是缩小批量应有一定限度，批量过小，开设的明细账过多，核算的工作量也会加大。

10.1.3 分批法的计算程序

(1) 按产品批别设置产品基本生产成本明细账。

会计部门应根据生产计划部分下达的产品批号，设置产品成本明细账。在明细账中要列明批号、产品名称、批量等。

(2) 根据各生产费用的原始凭证或原始凭证汇总表和其他有关资料，编制各种要素费用分配表，分配各要素费用并登账。

对于直接计入费用，应按产品批别列示并直接计入各个批别的产品成本明细账；对于间接计入费用，应按适当的方法分配计入各个批别的产品成本明细账，辅助生产费用直接计入或通过制造费用再分配计入各批别产品成本明细账；制造费用分配计入各批产品成本明细账。

(3) 计算完工产品成本。

月末根据完工批别产品的完工通知单，将计入已完工的该批产品的成本明细账所归集的生产费用，按成本项目加以汇总，计算出该批完工产品的总成本和单位成本，并转账。如果出现批内产品跨月陆续完工的情况，这时应采用适当的方法将生产费用在完工产品和月末在产品之间分配，计算出该批已完工产品的总成本和单位成本。如果批内产品跨月陆续完工的情况不多，完工产品数量占全部批量的比重小，完工产品成本可采用计划成本法、定额成本法或者最近时期相同产品的实际成本对完工产品进行计价等简易方法计算。此外，在小批单件生产的企业中，同一月份内投产的产品批次很多，各种间接费用在各批产品之间按月分配的工作量很大，还可采用一种简化的分批法。此法将在10.3节详述。

10.2 分批法应用举例

本节以小批生产的某企业产品成本计算为例，说明产品成本计算的分批法。

【例10-1】 某企业按照购货单位的要求，小批生产甲、乙、丙3种产品，采用分批法计算产品成本。基本生产情况如下：

7月份投产甲产品10件，批号为701，8月份全部完工。

8月份投产乙产品60件，批号为801，当月完工40件，并已验收入库，还有20件尚未完工。

7月份投产丙产品20件，批号为702，8月份尚未完工。

直接材料是生产开始时一次投入，材料费用按完工产品与月末在产品实际数量分配，其他费用均采用约当产量法进行分配(各工序在产品完工程度及数量参见表10-3)。701批、801批和702批产品成本计算单见表10-1、表10-2和表10-4。

表10-1 基本生产成本明细账

批号：701　　产品名称：甲产品　　金额单位：元

开工日期：7月15日　　完工日期：8月15日　　批量：10件

20××年		凭证号数	摘要	直接材料	直接人工	制造费用	合计
月	日						
7	31	略	累计	12 000	900	3 400	16 300
8	31		据材料费用分配表	4 600			4 600
8	31		据工资费用分配表		1 700		1 700
8	31		据制造费用分配表			8 000	8 000
			累计	16 600	2 600	11 400	30 600
8	31		结转完工产品成本(10件)	16 600	2 600	11 400	30 600
			单位产品成本	1 660	260	1 140	3 060

701批产品8月份全部完工，所以8月初在产品生产成本和8月份发生的产品生产成本合计即为8月份完工产品的成本。

表10-2 基本生产成本明细账

批号：801　　　　产品名称：乙产品　　　　金额单位：元

开工日期：8月5日　　　　完工日期：　　　　批量：60件

20××年		凭证号数	摘　　要	直接材料	直接人工	制造费用	合　计
月	日						
8	31	略	据材料费用分配表	18 000			18 000
8	31		据工资费用分配表		1 650		1 650
8	31		据制造费用分配表			4 800	4 800
8	31		费用合计	18 000	1 650	4 800	24 450
8	31		约当产量合计	60	50	50	
			完工产品单位产品成本	300	33	96	429
8	31		结转完工产品成本(40件)	12 000	1 320	3 840	17 160
			月末在产品成本	6 000	330	960	7 290

801批产品8月末有部分产品完工，应采用适当的方法将产品生产成本在完工产品和在产品之间进行分配。

(1) 材料成本按完工产品产量和在产品数量作为比例进行分配。

产成品应负担的材料费用＝[18 000÷(40＋20)]×40＝12 000(元)

在产品应负担的材料费用＝[18 000÷(40＋20)]×20＝6 000(元)

(2) 其他生产成本按约当产量比例进行分配。

① 计算801批乙产品在产品约当产量，见表10-3。

表10-3 乙产品约当产量计算表

工　序	完工程度 ①	在产品/件		完工产品/件 ④	产量合计/件 ⑤=③+④
		②	③=①×②		
1	15%	4	0.6		
2	25%	4	1		
3	70%	12	8.4		
合　计	—	20	10	40	50

② 直接人工费用按约当产量法分配：

产成品应负担的直接人工费用＝[1 650÷(40＋10)]×40＝1 320(元)

在产品应负担的直接人工费用＝[1 650÷(40＋10)]×10＝330(元)

③ 制造费用按约当产量法分配：

产成品应负担的制造费用＝[4 800÷(40＋10)]×40＝3 840(元)

在产品应负担的制造费用＝[4 800÷(40＋10)]×10＝960(元)

将各项成本分配结果计入 801 批乙产品成本计算单(表 10－2)即可计算出乙产品的产品成本和月末在产品成本。

问题与思考

在【例 10-1】中，如果生产成本在完工产品和在产品之间的分配不是采用约当产量法，而是采用定额成本法核算，结果会怎样？假设 801 批乙产品的月末在产品成本按定额成本计算，其中直接材料定额单位成本为 290 元，直接人工定额单位成本为 17 元，制造费用定额单位成本为 50 元。

表 10-4　基本生产成本明细账

批号：702　　产品名称：丙产品　　金额单位：元

开工日期：7 月 14 日　　完工日期：　　批量：20 件

20××年		凭证号数	摘　要	直接材料	直接人工	制造费用	合　计
月	日						
7	31	略	累计	37 950	5 680	20 450	64 080
8	31		据材料费用分配表	73 780			73 780
8	31		据工资费用分配表		9 540		9 540
8	31		据制造费用分配表			33 390	33 390
			累计	111 730	15 220	53 840	180 790

702 批产品 8 月末全部产品都未完工，不需结转完工产品成本，也无需将产品生产成本在完工产品和在产品之间进行分配。

【例 10-1】只列示了 3 批产品成本明细账的格式和金额，其计算程序和计算工作都比较简单。但不能因此得出分批法比品种法简单的结论。实际上，品种法的全部计算程序和各项计算工作，在分批法中都可能进行。

10.3　简化的分批法

10.3.1　简化分批法的特点

简化分批法也叫不分批计算在产品成本分批法或累计间接费用分批法，是按产品批别设立明细账，但在产品完工之前，账内只需按月登记直接费用(如原材料)和生产工时，不必分配间接费用，全部产品应负担的间接费用，仍以总数反映在基本生产成本二级账中；直到有产品完工的那个月份，才分配间接费用，进而计算、登记该批完工产品的成本。各批全部产品的在产品成本只分成本项目的总数登记在专设的基本生产成本二级账中。

10.3.2 简化分批法的计算程序

(1) 按产品批别设立基本生产成本明细账和基本生产成本二级账。

各批产品基本生产成本明细账，与基本生产成本二级账平行登记。在各批产品完工之前，基本生产成本明细账登记直接材料费用和生产工时；在基本生产成本二级账中登记全部各批产品发生的生产总工时、直接费用、间接费用等。

(2) 计算间接费用分配率。

在有完工产品的月份，根据“基本生产成本”二级账上的累计工时和累计间接费用计算分项目的累计间接费用分配率，将分配率登记在“基本生产成本”二级账和“基本生产成本”明细账上。

全部产品某项累计间接费用分配率＝(期初结存该项间接费用＋本月发生该项间接费用)÷(期初结存在产品累计工时＋本月发生工时)

(3) 计算完工产品应分配的间接费用。

根据计算出来的各项间接费用累计分配率和各批产品的完工产品生产工时，算出各批别产品的各项间接费用，然后将计算结果在各批产品基本生产成本明细账中进行登记。然后将所有批次的成本明细账中完工产品的各项间接费用汇总，再计入基本生产成本二级账的相应成本项目栏。最后，根据各批产品成本明细账中完工产品的直接材料费用和生产工时汇总登记基本生产成本二级账。

某批完工产品应负担的某项间接费用＝该批完工产品累计生产工时×全部产品该项累计间接费用分配率

问题与思考

采用简化分批法的情况下，影响累计间接费用分配率的因素是什么？为何要设置“基本生产成本”二级账。

10.3.3 简化分批法举例

【例 10-2】 假定某企业小批生产多种产品，产品批数多。为了简化核算，采用分批法计算各批次产品成本。该企业 11 月份各批产品情况如下：

091 批号：A 产品 16 件，09 月份投产，11 月份全部完工。

101 批号：B 产品 20 件，10 月份投产，11 月完工 10 件，并已交货，还有 10 件尚未完工。

102 批号：C 产品 16 件，10 月份投产，11 月份尚未完工。

111 批号：D 产品 10 件，11 月份投产，11 月份尚未完工。

(1) 基本生产成本二级账的登记。

该企业设立的基本生产成本二级账见表 10-5。

该企业的直接材料费用为直接费用；该企业采用计时工资制度，因而直接人工费和制造费用为间接费用。

表 10-5　基本生产成本二级账

（各批全部产品总成本）　　金额单位：元

20××年 月	20××年 日	凭证号数	摘　要	生产工时	直接材料	直接人工	制造费用	合　计
10	31	略	累计	61 300	436 000	100 552	136 480	673 032
11	30		本月发生额	60 300	149 440	108 600	140 768	398 808
11	30		累计	121 600	585 440	209 152	277 248	1 071 840
11	30		间接费用累计分配率			1.72	2.28	
11	30		结转完工产品成本	76 900	333 820	132 268	175 332	
			在产品成本	44 700	251 620	76 884	101 916	

注：

① 月初在产品的生产工时和各项费用系上月末根据上月的生产工时和生产费用资料计算登记；本月发生直接材料费用和生产工时应根据本月各批产品原材料费用分配表、生产工时记录，与各批产品基本生产成本明细账平行登记。

② 表中的分配率计算方法：直接人工分配率＝209 152÷121 600＝1.72；制造费用分配率＝277 248÷121 600＝2.28。

③ 结转完工产品的成本时，完工产品直接材料和生产工时根据有完工产品的基本生产成本明细账（表10-6、表10-7）汇总填列。完工产品的直接人工和制造费用可以根据有完工产品的基本生产成本明细账（表10-6、表10-7）汇总填列，也可以根据账中完工产品生产工时分别乘以各项累计分配率计算登记。

（2）各批产品基本生产明细账的登记。

① 月末全部完工的产品基本生产明细账的登记见表 10-6。

表 10-6　基本生产成本明细账

批号：091　　产品名称：A产品　　金额单位：元

开工日期：9月12日　　完工日期：11月28日　　批量：16件

20××年 月	20××年 日	凭证号数	摘　要	生产工时	直接材料	直接人工	制造费用	合　计
9	30	略	本月发生额	18 920	129 700			
10	31		本月发生额	11 880	73 300			
11	30		本月发生额	19 600	56 400			
11	30		累计数及间接费用分配率	50 400	259 400	1.72	2.28	
11	30		结转完工产品成本（16件）	50 400	259 400	86 688	114 912	461 000
8	31		完工产品单位成本		16 212.5	5 418	7 182	28 812.5

091批产品，月末全部完工，因而其累计的直接材料费用和生产工时就是完工产品的直接材料费用和生产工时，以其生产工时(50 400)分别乘以表 10-5 中的各项间接费用累计分配率，即为完工产品的各项间接费用。

② 月末部分完工产品基本生产明细账的登记见表 10-7。

表 10-7 基本生产成本明细账

批号：101　　产品名称：B产品　　金额单位：元

开工日期：10月8日　　完工日期：　　批量：20件

20××年 月	日	凭证号数	摘要	生产工时	直接材料	直接人工	制造费用	合计
10	31	略	本月发生额	14 820	148 840			
11	30		本月发生额	18 840				
11	30		累计数及间接费用分配率	33 660	148 840	1.72	2.28	
11	30		结转完工产品成本(10件)	26 500	74 420	45 580	60 420	180 420
11	30		完工产品单位成本		7 442	4 558	6 042	18 042
			月末在产品	7 160	74 420			

101批产品，月末部分完工、部分在产，因而应在完工产品和月末在产品之间分配费用。该种产品所耗直接材料系生产开始时一次投入，因而直接材料费用按照完工产品和月末在产品的数量比例分配：

产成品应负担的材料费用＝[148 840÷(10＋10)]×10＝74 420(元)

在产品应负担的材料费用＝[148 840÷(10＋10)]×10＝74 420(元)

直接人工和制造费用要以其完工产品生产工时(26 500)分别乘以表10-5中的各项间接费用累计分配率，即为完工产品的各项间接费用。

③ 月末全部未完工产品基本生产明细账的登记见表10-8、表10-9。

表 10-8 基本生产成本明细账

批号：102　　产品名称：C产品　　金额单位：元

开工日期：10月7日　　完工日期：　　批量：16件

20××年 月	日	摘要	生产工时	直接材料	直接人工	制造费用	合计
10	31	本月发生额	15 680	84 160			
11	30	本月发生额	8 540	17 360			

表 10-9 基本生产成本明细账

批号：111　　产品名称：D产品　　金额单位：元

开工日期：11月1日　　完工日期：　　批量：10件

20××年 月	日	摘要	生产工时	直接材料	直接人工	制造费用	合计
11	30	本月发生额	13 320	75 680			

在各批产品明细账中，对于没有完工产品的月份，只登记直接材料费用和生产工时。

问题与思考

简化分批法达到简化成本计算的效果吗？什么情况能最大化地简化成本计算工作？

10.3.4 简化的分批法的优缺点

1. 简化的分批法的优点

简化分批法下，间接费用只登记在基本生产成本二级账中，各成本明细账平时只需登记直接费用和生产工时，只有在有完工产品的月份，利用累计间接费用分配率一次分配完成，因此可以简化费用的分配和登记工作，从而大大简化了成本计算工作。而且月末未完工批次越多，简化的程度越大。

2. 简化的分批法的缺点

但这种方法也有相应的不足之处：第一，不能完整提供各批在产品的成本资料；第二，可能影响各月、各批成本计算的准确性。例如，前几个月的间接费用水平比较高，本月间接费用水平低，而某批产品本月投产，当月完工，却要分配以前月份发生的间接费用，就会导致不应有的偏高。因此，简化分批法的应用条件是：各个月份的间接计入费用水平相差不多；同一月份投产批数多且月末未完工产品的批数较多。

同步测试题

一、单项选择题

1. 采用简化的分批法，在产品完工之前，各批产品成本明细账(　　)。

A. 不登记任何费用

B. 只登记材料费用

C. 登记间接计入费用，不登记直接计入费用

D. 登记直接计入费用和生产工时，不登记间接计入费用

2. 分批法适用于(　　)。

A. 大批大量多步骤生产　　B. 大批大量单步骤生产

C. 大批大量生产　　D. 单件小批生产

3. 分批法的特点是(　　)。

A. 按产品订单计算成本　　B. 按产品批别计算成本

C. 按产品品种计算成本　　D. 按车间来计算成本

4. 必须设置基本生产成本二级账的成本计算方法是(　　)。

A. 分批法　　B. 分步法　　C. 品种法　　D. 简化分批法

5. 简化分批法适用于(　　)。

A. 各月间接计入费用水平相差不大　　B. 月末未完工产品批数多

C. 同一月份投产批数多　　D. 同时具备上述三点

6. 对于采用分批法进行生产成本计算，下列说法正确的是(　　)。

A. 不存在完工产品和在产品之间的分配

B. 成本计算期和会计报告期一致

C. 适用于小批、单件、管理上不要求分步骤计算成本的多步骤生产

D. 以上说法全正确

7. 简化分批法与分批法的区别主要表现在(　　)。

A. 不分批计算在产品成本　　B. 不进行间接费用的分配

C. 不分批计算在产品成本　　D. 不分批核算原材料费用

二、多项选择题

1. 采用分批法计算产品成本时，如果批内产品跨月陆续完工的情况不多，完工产品数量占全部批量的比重很小，完工产品成本的计价可采用(　　)。

A. 实际单位成本　　B. 计划单位成本

C. 定额单位成本　　D. 近期相同产品的实际单位成本

2. 简化分批法也被称为(　　)。

A. 累计间接费用分配法　　B. 间接费用分配法

C. 累计分配法　　D. 不分批计算在产品成本分批法

3. 分批法的特点有(　　)。

A. 以生产批次作为成本计算对象

B. 产品成本计算器不固定，与会计报告期不一致

C. 一般不需要进行完工产品和在产品之间的分配

D. 不需要计算月末在产品成本

4. 分批法适用于(　　)。

A. 小批生产

B. 管理上不要求分步计算成本的多步骤生产

C. 分批生产同一产品，且批量较大，数量较多

D. 单件生产

三、判断题

1. 在小批和单件生产中，如果产品的批量根据购买单位的订单确定，则按批、按件计算产品成本，也就是按订单计算产品成本。(　　)

2. 分批法不需要在完工产品和在产品之间分配费用。(　　)

3. 分批法下，成本计算期与核算报告期一致，而与产品生产周期不一致。(　　)

4. 相比较而言，简化分批法下，月末完工产品的批数越多，成本的核算工作就越简化(　　)

5. 采用简化分批法时，各月间接费用水平相差悬殊的情况下，不会影响产品成本计算的正确性。(　　)

四、实训题

1. 某工业企业根据客户订单小批生产甲、乙两种产品，采用分批法计算产品成本。20××年3月份生产情况及生产费用发生情况如下：

(1) 本月份生产产品的批号。

101号甲产品10台，1月15日投产，本月25日全部完工。

102号甲产品20台，1月21日投产，本月完工13台，未完工7台。

301号乙产品18台，本月3日投产，尚未完工。

(2) 本月的成本资料。

① 各批产品的上月末累计生产费用见表10-10。

表 10－10 上月末累计生产费用明细表

金额单位：元

批　号	材　料	直接人工	制造费用	合　计
101	13 000	7 000	3 500	23 500
102	25 000	11 000	7 700	43 700

② 根据各种费用分配表，汇总各批产品本月发生的生产费用见表 10－11。

表 10－11 本用生产费用明细表

金额单位：元

批　号	直接材料	直接人工	制造费用	合　计
101		6 000	1 900	7 900
102		12 000	5 400	17 400
301	18 000	11 500	6 100	35 600

③ 各批完工产品与在产品之间分配费用的方法。

102 号甲产品，本月完工产品占该批产品比重较大，采用约当产量法将本月累计生产费用在完工产品与月末在产品之间分配。原材料在生产开始时一次投入，月末在产品完工程度为 70％。

要求：根据上述各项资料，计算 101 甲产品全部完工产品的总成本和单位成本（表 10－12）；计算 102 甲产品和 301 乙产品的完工产品总成本、单位成本及月末在产品成本（表 10－13、表 10－14）。

表 10－12 基本生产成本明细账

批号：101　　产品名称：甲产品　　金额单位：元

开工日期：　　完工日期：　　批量：10 台

20××年		摘　要	直接材料	直接人工	制造费用	合　计
月	日					

表 10-13 基本生产成本明细账

批号：102　　产品名称：甲产品　　金额单位：元

开工日期：　　完工日期：　　批量：20 台

20××年		摘　　要	直接材料	直接人工	制造费用	合　计
月	日					

表 10-14 基本生产成本明细账

批号：301　　产品名称：丙产品　　金额单位：元

开工日期：　　完工日期：　　批量：18 台

20××年		摘　　要	直接材料	直接人工	制造费用	合　计
月	日					

2. 某工业企业属于小批生产企业，产品批次多，为了简化核算，采用简化分批法计算产品成本。

(1) 该厂 3 月份产品批号。

101 批：A 产品 16 件，1 月份投产，本月完工。

201 批：B 产品 30 件，2 月份投产，本月完工 20 件，该批产品原材料在生产开始时一次投入，本月末在产品定额工时为 11 000 小时。

301 批：D 产品 25 件，3 月份投产，尚未完工。

(2) 月初在产品成本。

2 月末累计生产费用为 837 000 元，其中直接材料 525 000 元(101 批次 300 000 元，201 批次 225 000 元)，直接人工 131 000 元，制造费用 181 000 元。累计生产工时 71 000 小时，其中 101 批次 48 900 小时，201 批次 22 100 小时。

(3) 本月发生生产费用。

本月发生直接材料费 275 000 元，全部为 301 批次 D 产品所耗用，本月发生直接人工费用158 000元，制造费用210 000元；本月实际生产工时为99 000小时，其中101批次29 100小时，201批次28 900小时，301批次41 000小时。

要求：根据上述资料，登记基本生产成本二级账和基本生产成本明细账(表10－15、表10－16、表10－17和表10－18)；计算完工产品成本。

表10－15　基本生产成本二级账

20××年		凭证号数	摘　要	生产工时	直接材料	直接人工	制造费用	合　计
月	日							

表10－16　基本生产成本明细账

批号：101　　　　产品名称：A产品　　　　金额单位：元

开工日期：　　　　完工日期：　　　　批量：16件

20××年		凭证号数	摘　要	生产工时	直接材料	直接人工	制造费用	合　计
月	日							

表10－17　基本生产成本明细账

批号：201　　　　产品名称：B产品　　　　金额单位：元

开工日期：　　　　完工日期：　　　　批量：30件

20××年		凭证号数	摘　要	生产工时	直接材料	直接人工	制造费用	合　计
月	日							

表 10－18 基本生产成本明细账

批号：301　　产品名称：D产品　　金额单位：元

开工日期：　　完工日期：　　批量：25 件

20××年		凭证号数	摘　要	生产工时	直接材料	直接人工	制造费用	合　计
月	日							

第11章　分步法

学习目标

1. 了解分步法的概念和主要特点。
2. 理解分步法的适用范围。
3. 掌握分步法的计算方法。

引　例

富丽康月饼厂是一家民营小型月饼厂，该厂生产的月饼主要为礼品盒装月饼。该厂分3个步骤生产月饼：第一步骤为生产散装月饼，第二步骤为月饼的密封，第三步骤为月饼的装盒及包装。8月份企业发现月饼的定价不低，但是却亏损很多，因此，企业决定降低成本。企业会计认为亏损的原因是面粉的价格过高，于是决定采购价格低廉的面粉生产月饼。结果低廉的面粉影响了口感，月饼销量大幅下降。企业再次查找原因，后来通过将每步骤的实际成本和计划成本与同行业成本进行比较，发现亏损的原因在于包装物的采购价格过高，而且包装物浪费严重。可见，分步计算成本对于成本控制具有重要的意义。那分步法是怎么核算的呢？分步法的核算过程是否会因为各步骤产品成本的结转方式不同而采用不同的方法呢？

11.1 分步法的特点及适用范围

11.1.1 分步法的概念和特点

分步法是指按照生产过程中各个加工步骤为成本核算对象，归集和分配生产成本，计算各步骤半成品和最后产成品成本的一种方法。其主要特点如下：

(1) 按产品品种及其经过的加工步骤为成本核算对象，设置产品基本生产成本明细账。但产品成本计算所划分的步骤与实际的生产步骤不一定完全一致，企业既应根据实际的生产步骤与管理的要求，又要本着简化核算工作的原则，合理确定成本计算对象。例如，为了简化成本计算工作，可以只对管理上有必要分步计算成本的生产步骤单独设立产品成本明细账，单独计算成本；而对管理上不要求单独计算成本的生产步骤，则可与其他生产步骤合并，设立产品成本明细账计算成本。如造纸厂的包装步骤，通常与制纸步骤合并在一起计算成本。

(2) 成本计算按月进行。由于采用分步法计算产品成本的企业是大量大批生产，其生产是连续不断的，不可能等全部产品完工时才计算产品成本，只能定期在月末计算当月产出的完工产品成本，所以成本计算期与生产周期不一致，与会计报告期一致。

(3) 需要计算在产品成本。由于成本计算期与生产周期不一致，月末通常都会有在产品，所以月末还需要将归集在生产成本明细账中的生产成本在完工产品和在产品之间进行分配。

11.1.2 分步法的适用范围

这种方法适用于大量大批的多步骤生产，如冶金、纺织、机械制造以及分步进行生产的民营中小企业等。在这类企业中，产品生产可以分为若干个生产步骤的成本管理，通常不仅要求按照产品品种计算成本，而且还要求按照生产步骤计算成本，以便为考核和分析各种产品及各生产步骤的成本计划的执行情况提供资料。

11.1.3 分步法的种类

在实际工作中，根据成本管理对各生产步骤成本资料的不同要求(如是否要求计算半成品成本)和简化核算的要求，各生产步骤成本的计算和结转，一般采用逐步结转和平行结转两种方法，称为逐步结转分步法和平行结转分步法。逐步结转分步法是为了分步计算半成品成本而采用的一种分步法，也称计算半成品成本分步法。它是按照产品加工的顺序，逐步计算并结转半成品成本，直到最后加工步骤完成才能计算产成品成本的一种方法。平行结转分步法也称不计算半成品成本分步法。它是指在计算各步骤成本时，不计算各步骤所产半成品的成本，也不计算各步骤所耗上一步骤的半成品成本，而只计算本步骤发生的各项其他成本，以及这些成本中应计入产成品的份额，将相同产品的各步骤成本明细账中的这些份额平行结转、汇总，即可计算出该种产品的产成品成本。

11.2 逐步结转分步法

11.2.1 逐步结转分步法的计算程序

在这种分步法下，企业按照产品加工顺序先计算第一个加工步骤的半成品成本，第一步骤完工的半成品成本应该从该步骤的产品明细账中转出，在转出时会受到半成品实物流转程序制约。半成品实物的流转程序有两种，即不通过仓库收发和通过仓库收发。

（1）半成品不通过仓库收发的情况下，先计算第一步骤的完工半成品成本和月末在产品成本，然后将本步骤的完工半成品成本转入第二步骤产品成本明细账；第二步骤在核算半成品成本时，将第一步骤转来的完工半成品成本，再加上本步骤的加工费用，计算出第二步骤半成品成本；然后随着加工步骤依次逐步累计结转，直到最后步骤计算出产成品成本为止。逐步结转分步法具体计算程序如图 11.1 所示。

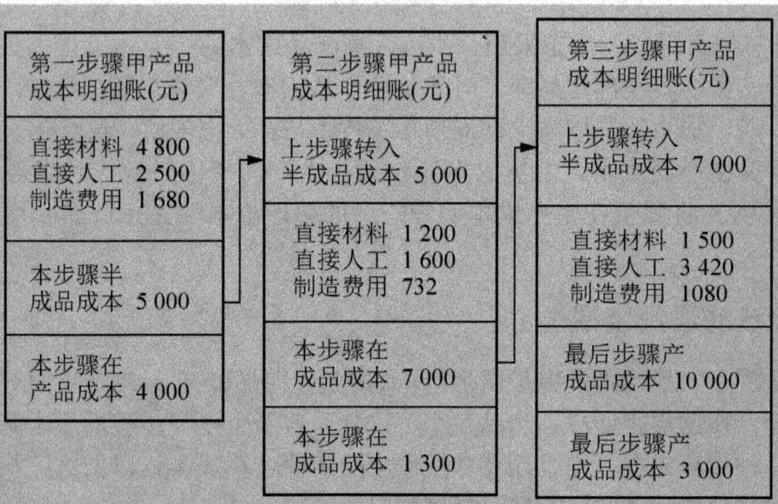

图 11.1 逐步结转分步法的计算程序(不通过半成品库收发)

（2）如果半成品完工后，不直接为下一步骤所领用，而要通过半成品库收发(图 11.2)，在验收入库时，应编制借记“自制半成品”科目，贷记“基本生产成本”科目的会计分录。第二步骤领用第一步骤的自制半成品的时候，再根据领用数编制借记“基本生产成本”科目，贷记“自制半成品”科目的会计分录，将领用半成品的金额结转给第二个加工步骤，这时，第二步骤把第一步骤结转来的半成品成本加上本步骤耗用的材料成本和加工成本，即可求得第二个加工步骤的半成品成本。如果第二步骤既有半成品，又有加工中的在产品(图 11.1)，则应将该步骤的生产费用采用适当的方法在其完工半成品与加工中在产品之间进行分配。下一步骤按照相同的程序计算，在最后一个步骤的产成品成本明细账中，即可计算出产成品的成本。逐步结转分步法具体计算程序如图 11.2 所示。

逐步结转分步法按照成本在下一步成本计算单中的反映方式，还可以分为综合结转和分项结转两种方法。

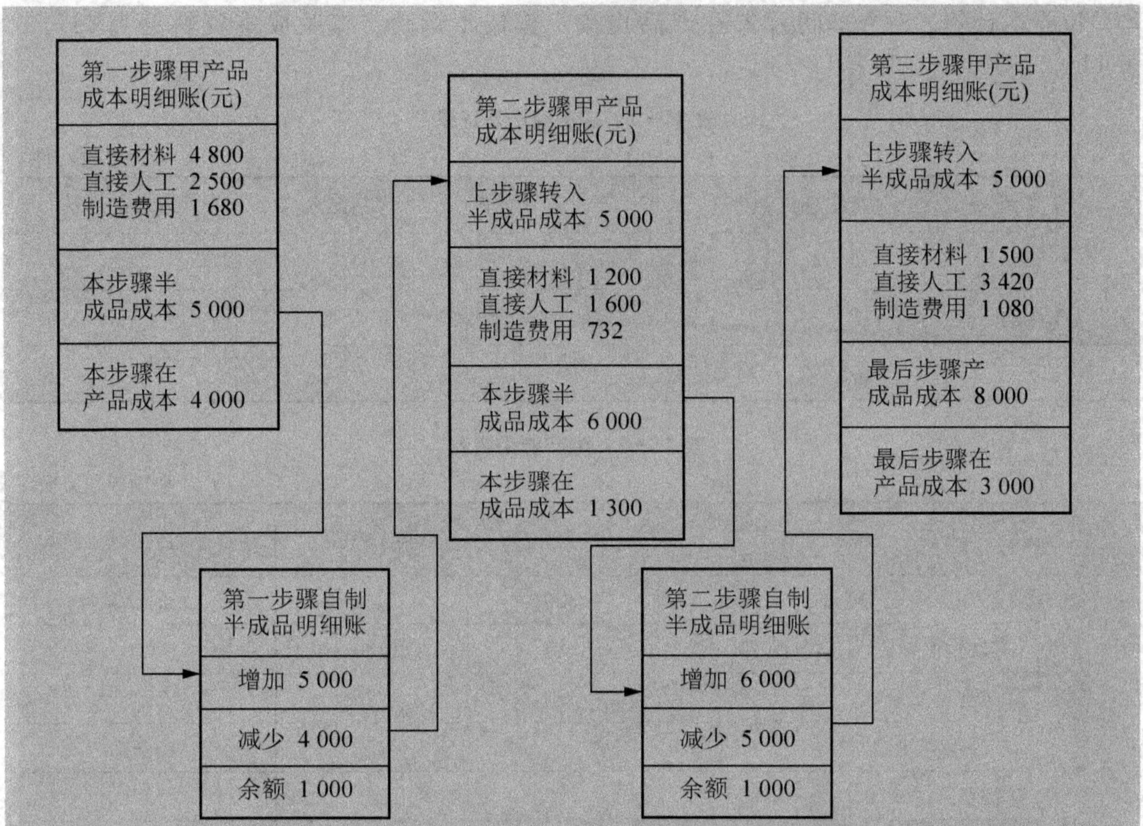

图 11.2 逐步结转分步法的计算程序(通过半成品库收发)

问题与思考

有人说，逐步结转分步法实际上就是品种法的多次连接应用。你认为对否？为什么？

11.2.2 逐步结转分步法下半成品成本的结转方式

逐步结转分步法按照半成品成本在下一步骤产品成本明细账中的反映方式不同，可分为综合结转和分项结转两种方式。

1. 综合结转法

综合结转法是指上一步骤转入下一步骤的半成品成本，以“直接材料”或专设的“半成品”项目综合列入下一步骤的成本计算单中。如果半成品通过半成品库收发，由于各月所生产的半成品的单位成本不同，因而所耗半成品的单位成本可以如同材料核算一样，采用先进先出法或加权平均方法计算。

1）综合结转法举例

【例 11-1】 某企业采用逐步结转分步法计算产品成本，分 3 个生产步骤生产甲产品，分别由 3 个车间进行。第一车间生产 A 半成品，交半成品库验收；第二车间按照所需数量向 A 半成品库领用 A 半成品生产 B 半成品；第三车间按照所需数量向 B 半成品库领用 B 半成品生产甲产品。第二车间所耗 A 半成品费用和第三车间所耗 B 半成品费用按全月一次加权平均单位成本计算。3 个车间月末在产品均按定额成本计价。有关成本资料见表 11－1、表 11－2、表 11－3 和表 11－4。

表 11－1　各车间产量记录

单位：件

车　间	月初在产品	本月投产或上步转入	本月完工入库	月末在产量
一车间	40	460	480	20
二车间	30	500	470	60
三车间	50	450	400	100

表 11－2　生产费用资料

金额单位：元

摘　　要		直接材料（或半成品）	直接人工	制造费用	合　计
一车间	月初在产品成本	1 600	320	200	2 120
	本月生产费用	34 100	7 600	5 530	47 230
二车间	月初在产品成本	1 890	435	195	2 520
	本月生产费用		9 900	5 152	15 052
三车间	月初在产品成本	4 750	750	350	5 850
	本月生产费用		27 800	12 400	40 200

表 11－3　月末在产品单位定额成本表

金额单位：元

生产步骤	直接材料（或半成品）	直接人工	制造费用	合　计
第一步骤	40	8	5	53
第二步骤	63	14.5	6.5	84
第三步骤	95	15	7	117

表 11－4　月初自制半成品明细账户余额表

自制半成品	数　量/件	单　价/（元/件）	金　额/元
A 半成品	100	102.9	10 290
B 半成品	200	137.09	27 418

（1）根据各种费用分配表、半成品入库单和第一车间在产品定额成本资料登记第一车间 A 半成品基本生产成本明细账见表 11－5。然后，由于在产品按定额成本计价，因而完工转出的半成品成本应根据生产费用的累计数，减去按定额成本计算的月末在产品成本计算。最后，根据第一车间的 A 半成品入库单编制如下会计分录。

借：自制半成品——A 半成品　　　　48 290

　　贷：基本生产成本——第一车间——A 半成品　　　　48 290

表 11-5 基本生产成本明细账

第一车间 A 半成品

20××年 月	日	摘 要	产量/件	直接材料/元	直接人工/元	制造费用/元	合 计/元
10	31	月初在产品成本	40	1 600	320	200	2 120
11	30	本月发生额	460	34 100	7 600	5 530	47 230
11	30	累计	500	35 700	7 920	5 730	49 350
11	30	完工转出半成品成本	480	34 900	7 760	5 630	48 290
11	30	完工半成品单位成本		72.71	16.17	11.73	100.60
11	30	月末在产品成本	20	800	160	100	1 060

(2) 根据 A 半成品入库单和第二车间领用 A 半成品领用单，登记自制半成品明细账(表11-6)。

表 11-6 自制半成品——A 半成品明细账

(全月一次加权平均法)

20××年		月初结存		本月增加		合 计			本月减少	
月	日	金额/元	数量	金额/元	数量	金额/元	数量	单价/元	数量	金额/元
11	30	10 290	100	48 290	480	58 580	580	101.00	500	50 500
12	1	8 080	80							

根据 A 半成品的明细账所列半成品单位成本资料和第二生产车间 A 半成品领用单，编制如下会计分录。

借：基本生产成本——第二生产车间(B 半成品)　　50 500

　　贷：自制半成品——A 半成品　　50 500

(3) 根据各种费用分配表、A 半成品领用单、B 半成品入库单，以及第二车间在产品定额成本资料，登记 B 半成品基本生产成本明细账(表 11-7)。

在 B 半成品基本生产成本明细账中，完工转出的半成品成本应根据生产费用的累计数，减去按定额成本计算的月末在产品成本计算。

表 11-7 基本生产成本明细账

第二车间 B 半成品

20××年 月	日	摘 要	产量/件	半成品/元	直接人工/元	制造费用/元	合 计/元
10	31	月初在产品成本	30	1 890	435	195	2 520
11	30	本月发生额	500	50 500	9 900	5 152	65 552
11	30	累计	530	51 730	10 740	5 602	68 072
11	30	完工转出半成品成本	470	48 610	9 465	4 957	63 032
11	30	完工半成品单位成本		103.43	20.14	10.55	134.11
11	30	月末在产品成本	60	3 780	870	390	5 040

根据第二生产车间B半成品基本生产成本明细账和产成品入库单编制如下会计分录。

借：自制半成品——B半成品　63 032

　　贷：基本生产成本——第二生产车间(B半成品)　63 032

(4) 登记自制半成品(B半成品)明细账(表11-8)。

表11-8　自制半成品——B半成品明细账

(全月一次加权平均法)

20××年		月初结存		本月增加		合　计			本月减少	
月	日	金额/元	数量	金额/元	数量	金额/元	数量	单价/元	数量	金额/元
11	30	27 418.00	200	63 032	470	90 450.00	670	135.00	450	60 750.00
12	1	29 700	220							

借：基本生产成本——第三生产车间(甲产品)　60 750.00

　　贷：自制半成品——B半成品　60 750.00

(5) 登记甲产品的基本生产明细账(表11-9)。

表11-9　基本生产成本明细账

第三车间甲产品

20××年		摘　要	产量/件	半成品/元	直接人工/元	制造费用/元	合　计/元
月	日						
10	31	月初在产品成本	50	2 250	2 025	1 575	5 850.00
11	30	本月发生额	450	60 750.00	27 800	12 400	100 950.00
11	30	累计	500	63 000.00	29 825.00	13 975.00	106 800.00
11	30	完工产品成本	400	53 500.00	28 325.00	13 275.00	95 100.00
11	30	完工产品单位成本		133.75	70.81	33.19	237.75
11	30	月末在产品成本	100	9 500	1 500	700	11 700.00

借：库存商品——甲产品　95 100.00

　　贷：基本生产成本——第三车间——甲产品　95 100.00

问题与思考

如果在第二步骤中，产品成本在完工成品和在产品之间分配的方法为约当产量法，该如何登记B半成品的基本生产成本明细账？假定半成品在开始生产时一次投入，且月末各个生产步骤的在产品完工程度均为60%。

问题与思考

如果半成品不通过仓库收发，资料同【例11-1】，核算结果会有哪些相同点和不同点？

2) 综合结转法的成本还原

在采用综合结转这种方式将半成品成本转入下一步骤一般还需要进行成本还原。

【例 11-2】 假设某企业生产 101 产品需要两个步骤，分别由两个车间进行。本月投产，本月完工。一车间在生产过程中耗用直接材料 4 800 元，直接人工 2 520 元，制造费用 1 680 元。自制半成品成本为 9 000 元。半成品完工后直接转入下一车间继续加工。完工产品成本为二车间根据上一步骤转来自制半成品再投入直接人工 1 368 元，制造费用 732 元后加工完成。完工产品成本为 11 100 元。问：价值 11 100 元 101 产品中所含的直接材料费用、直接人工费用、制造费用分别是多少？

这时，你会很容易回答：直接材料费用 4 800 元，直接人工费用 3 888(2 520＋1 368)元，制造费用 2 412(1 680＋732)元。但是如果半成品完工后不是直接转入下一车间继续加工，而是要验收入库，并且二车间领用自制半成品的时候也不是全部被领用，或者月末存在在产品的情况下，又是怎么分解完工产品中所包含的原始成本项目构成数呢？

采用综合结转法结转半成品成本，各步骤所耗半成品的成本是以“半成品”或“原材料”项目综合反映的。这样计算出来的产成品成本，不能提供按原始成本项目反映的成本资料；在生产步骤较多的情况下，逐步综合结转半成品成本以后，表现在产成品成本中的绝大部分费用，是最后一个步骤所耗半成品的费用，其他费用(直接人工费用、制造费用)只是最后一个步骤的费用，在产品成本中所占的比重很小。这显然不符合企业产品成本结构(也就是各项成本之间的比例关系)的实际情况，因而不能据以从整个企业的角度来考核与分析产品成本的构成和水平。所以，如果管理上要求从整个企业角度和考核成本项目构成时，要将逐步综合结转算出的产成品成本还原，使其成为按原始成本项目反映的成本。

通常采用的成本还原方法是：从最后一个步骤起，把各步骤所耗上一步骤半成品的综合成本，逐步分解、还原成直接材料、直接人工和制造费用等原始成本项目，从而求得按原始成本项目反映的产成品成本资料。一般是按本月所产半成品的成本结构进行还原，也就是：从最后一个步骤起，把各步骤所耗上一步骤半成品的综合成本，按照上一步骤所产半成品成本的结构，逐步分解、还原成按原始成本项目反映的产成品成本。

由于各步骤所耗的半成品费用恰好是上步骤完工的半成品成本，所以本步骤完工产品中所含半成品费用的各项费用结构近似于上一步骤完工的半成品成本的结构。也就是：产成品中的半成品费用按照本月所产半成品成本的结构还原。其计算公式为：

还原分配率＝本月产成品所耗上一步骤半成品成本合计÷本月所产该种半成品成本合计

应还原的某项成本项目金额＝上一步骤生产的半成品某个成本项目的成本×还原分配率

【例 11-3】 承【例 11-1】，假设该企业需要进行成本还原。企业第三车间甲产品明细账(表 11-9)中算出的本月产成品所耗 B 半成品费用为 53 500 元，按照第二车间 B 半成品基本生产成本明细账(表 11-7)中算出的本月所产半成品成本 63 032 元的各项比例关系进行分解、还原。

(1) 第一次还原。

还原分配率＝53 500÷63 032＝0.848 78

① 甲产品所耗 B 半成品成本中的 A 半成品费用＝0.848 78×48 610＝41 259.20(元)

② 甲产品所耗 B 半成品成本中的直接人工费用＝0.848 78×9 465＝8 033.70(元)

③ 甲产品所耗 B 半成品成本中的制造费用＝53 500－41 259.2－8 033.7＝4 207.10(元)

(2) 第二次还原。经过第一次还原后，还需把甲产品所耗 A 半成品的费用分解成最终的直接材料、直接人工、制造费用。

第二次还原分配率＝41 259.2÷48 290＝0.854 40

① 甲产品所耗A半成品成本中的直接材料费用＝0.854 40×34 900＝29 818.56(元)

② 甲产品所耗A半成品成本中的直接人工费用＝0.854 40×7 760＝6 630.14(元)

③ 甲产品所耗A半成品成本中的制造费用＝41 259.2－29 818.56－6 630.14＝4 810.5(元)

经过以上两次还原，甲产品的成本构成如下：

① 甲产品所耗直接材料合计＝29 818.56(元)

② 甲产品所耗直接人工合计＝6 630.14＋8 033.70＋28 325.00＝42 988.84(元)

③ 甲产品所耗制造费用合计＝4 810.5＋4 207.10＋13 275.00＝22 292.6(元)

为此，编制产成品成本还原计算表见表11-10。

表11-10　产成品成本还原计算表

20××年11月　　　　金额单位：元

项　目	还原分配率	半成品	直接材料	直接人工	制造费用	合　计
还原前产成品成本		53 500.00		28 325.00	13 275.00	95 100.00
本月所产B半成品成本		48 610		9 465	4 957	63 032
第一次成本还原	0.848 78	41 259.20	0.00	8 033.70	4 207.10	53 500.00
本月所产A半成品成本			34 900	7 760	5 630	48 290.00
第二次成本还原	0.854 40		29 818.56	6 630.14	4 810.50	41 259.20
还原后产成品总成本			29 818.56	42 988.84	22 292.60	95 100.00
还原后产成品单位成本			74.55	107.47	55.73	237.75

按照上述方法进行成本还原是按本月所产半成品的成本结构进行还原的，但本月实际耗用半成品是月初结存半成品和本月所产半成品的加权平均。如果考虑以前月份所产半成品结构的影响，在各月所产半成品的成本结构变化比较大的情况下，采用这种方法进行成本还原准确性会较差。

3）综合结转法的优缺点和应用条件

综合结转法的优点是可以在各生产步骤的产品明细账中反映各该步骤完工产品所耗用半成品费用的水平和本步骤加工费用的水平，有利于各个生产步骤的成本管理。缺点是为了从整个企业的角度反映产品成本的构成，加强企业综合的成本管理，必须进行成本还原，从而增加核算工作量。因此，这种结转方法一般适用于管理上要求计算各步骤完工半成品所耗半成品费用，但不要求进行成本还原的情况。

2. 分项结转法

分项结转法是指将各步骤所耗用的上一步骤半成品成本，按照成本项目分项转入各步骤产品成本明细账的各个成本项目中。如果半成品通过半成品库收发，在自制半成品明细账中登记半成品成本时，也要按照成本项目分别登记。

1）分项结转法举例

【例11-4】 承【例11-1】，该企业采用分项结转法将半成品转入各步骤产品成本明细账的各个成本项目中。生产量资料见表11－1，其他资料见表11-11、表11-12和表11-13。

表 11-11 月末在产品单位定额成本表

生产步骤	直接材料(或半成品)/元	直接人工/元	制造费用/元	合 计/元
第一步骤	40	8	5	53
第二步骤	41	28	15	84
第三步骤	45	40.5	31.5	117

表 11-12 生产费用资料

摘 要		直接材料/元	直接人工/元	制造费用/元	合 计/元
一车间	月初在产品成本	1 600	320	200	2 120
	本月生产费用	34 100	7 600	5 530	47 230
二车间	月初在产品成本	1 230	840	450	2 520
	本月生产费用		9 900	5 152	
三车间	月初在产品成本	2 250	2 025	1 575	5 850
	本月生产费用		27 800	12 400	

表 11-13 自制半成品月初余额表

	数量/件	直接材料/元	直接人工/元	制造费用/元	成本合计/元
A半成品	100	7 300	1 750	1 240	10 290
B半成品	200	15 000	7 350	5 068	27 418

(1) 根据各种费用分配表，半成品入库单和第一车间在产品定额成本资料登记第一车间A半成品基本生产成本明细账(表 11-5)。

(2) 根据A半成品入库单和第二车间领用A半成品领用单，登记自制半成品明细账(表 11-14)。

表 11-14 自制半成品——A半成品的明细账

(全月一次加权平均法)

月份	项 目	数量/件	实际成本/元			
			直接材料	直接人工	制造费用	成本合计
11	月初余额	100	7 300	1 750	1 240	10 290
11	本月增加	480	34 900	7 760	5 630	48 290
11	累计	580	42 200	9 510	6 870	58 580
11	单位成本		72.76	16.40	11.84	101.00
11	本月减少	500	36 379.31	8 198.28	5 922.41	50 500.00
12	月末余额	80	5 820.69	1 311.72	947.59	8 080.00

(3) 根据各种费用分配表、A半成品领用单、B半成品入库单，以及第二车间在产品定额成本资料，登记B半成品基本生产成本明细账(表 11-15)。

表 11－15　基本生产成本明细账

第二车间 B 半成品　　　　金额单位：元

20××年		摘　要	直接材料	直接人工	制造费用	合　计
月	日					
10	31	月初在产品成本	1 230	840	450	2 520
11	30	本月本步骤加工费用		9 900	5 152	
11	30	本月耗用半成品费用	36 379.31	8 198.28	5 922.41	50 500.00
11	30	累计	37 609.31	18 938.28	11 524.41	68 072
11	30	完工转出半成品成本(470 件)	35 149.31	17 258.28	10 624.41	63 032
11	30	完工半成品单位成本	74.79	36.72	22.61	134.11
11	30	月末在产品成本	2 460	1 680	900	5 040

(4) 根据 B 半成品入库单和第三车间领用 B 半成品领用单，登记自制半成品明细账见表 11－16。

表 11－16　自制半成品—B 半成品的明细账

(全月一次加权平均法)　　　　金额单位：元

月份	项　目	数量/件	实 际 成 本			
			直接材料	直接人工	制造费用	成本合计
11	月初余额	200	15 000	7 350	5 068	27 418
11	本月增加	470	35 149.31	17 258.28	10 624.41	63 032
11	累计	670	50 149.31	24 608.28	15 692.41	90 450
11	单位成本		74.85	36.73	23.42	135.00
11	本月减少	450	33 682.37	16 527.95	10 539.68	60 750.00
12	月末余额	220	16 466.937	8 080.330	5 152.731	29 700

(5) 根据各种费用分配表、B 半成品领用单、甲产品入库单，以及第三车间在产品定额成本资料，登记甲产品基本生产成本明细账见表 11－17。

表 11－17　基本生产成本明细账

第三车间甲产品　　　　金额单位：元

20××年		摘　要	直接材料	直接人工	制造费用	合　计
月	日					
10	31	月初在产品成本(50 件)	2 250	2 025	1 575	5 850
11	30	本月本步骤加工费用		27 800	12 400	40 200
11	30	本月耗用半成品费用(450 件)	33 682.37	16 527.95	10 539.68	60 750
11	30	累计	35 932.37	46 352.95	24 514.68	106 800
11	30	转出完工产品成本(400 件)	31 432.37	42 302.95	21 364.68	95 100
11	30	完工产品单位成本	78.58	105.76	53.41	237.75
11	30	月末在产品成本(60 件)	4 500	4 050	3 150	11 700

【例 11-4】会计分录的做法同【例 11-1】。从表 11-17 可以看出，产成品单位成本的合计数为 237.75 元，与综合结转法还原表中还原后产成品的单位成本合计数相同，但是两者的成本结构并不相同。原因在于：表 11-10 中产成品所耗半成品各项费用是按本月所产半成品的成本结构还原计算出来的，没有考虑以前月份所产半成品的成本结构的影响；而分项结转法中，产成品所耗半成品各项费用是按照原始成本项目逐步转入的，包括以前月份所产半成品结构的影响。

问题与思考

表 11-17 与表 11-10 的不同之处在哪里？两个表中的“直接人工”和“制造费用”包含的内容是否相同？

2）分项结转法的优缺点和应用条件

采用分项结转法结转半成品成本，其优点是：可以直接、正确地提供按原始成本项目反映的企业产品成本资料，便于从整个企业的角度考核和分析成本计划执行情况，不需要进行成本还原；其缺点是：成本结转工作比较复杂，而且在各步骤完工产品成本中看不出所耗上一步骤半成品费用是多少、本步骤加工费用是多少，不便于各步骤完工产品的成本分析。该方法一般适用在管理上不要求计算各步骤完工产品所耗半成品费用和本步骤加工费用，而要求按原始成本项目计算产品成本的企业。

11.3 平行结转分步法

11.3.1 平行结转分步法计算程序

在采用分步法的大量大批多步骤生产的企业中，有的各步骤所产半成品的种类很多(如机械制造业)，又很少对外出售，因而管理上并不需要计算半成品成本。在这种情况下，为了简化和加速成本计算工作，在计算各步骤成本时，不计算各步骤所耗上一步骤的半成品成本而只计算本步骤发生的各项其他费用以及这些费用应计入产品成本的“份额”。

从图 11.3 可以看出，各生产步骤均不计算本步骤的半成品成本，尽管半成品的实物转入下一生产步骤继续加工，但其成本并不结转到下一生产步骤的成本计算单中去，只是在产品最后完工入库时，才将各步骤生产成本中应由完工产品负担的份额，从各步骤成本计算单中转出，平行汇总计算产成品的成本。

采用平行结转分步法，每一步骤的生产费用也要在其完工产品和月末在产品之间进行分配，但是，这里的完工产品是指企业最后完工的产成品。与此联系，这里的在产品是指尚未完工的全部在产品和半成品(即广义的在产品)，包括：

(1) 尚在加工中的在产品。

(2) 本步骤已完工转入半成品库的半成品。

(3) 已从半成品库转到以后各步骤进一步加工、尚未最后完工的在产品。

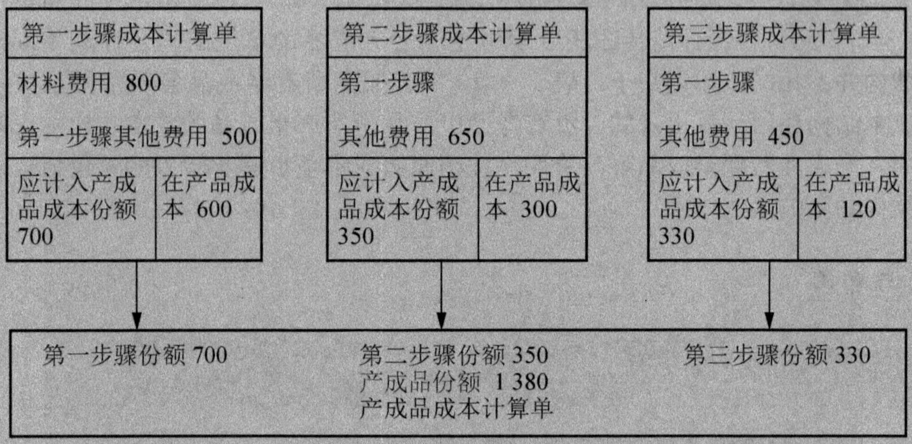

图 11.3　平行结转分步法计算程序

11.3.2　平行结转分步法产品生产成本在完工产品和在产品之间的分配

在平行结转分步法下，合理确定各步骤应计入完工产品成本中的费用“份额”是该种方法的关键。计入产成品成本的“份额”一般可按下式计算：

某步骤某成本项目应计入产成品成本的份额＝产成品产量×单位产成品耗用该步骤半成品的数量或者工时×该成本项目费用分配率

某成本项目费用分配率的计算，也应采用第 7 章所述的各种分配方法。通常采用定额比例分配法或者约当产量法求得。其中在产品是指广义在产品。

1. 按定额比例法分配

按定额比例法分配，成本项目费用分配率计算公式为：

某步骤某成本项目费用分配率＝(该步骤该项成本项目期的费用＋该步骤该项目成本项目本月发生费用)÷(产成品定额消耗量(工时)或定额费用＋月末广义在产品定额消耗量(工时)或定额费用)

【例 11-5】 假定某产品第一步骤月初广义在产品制造费用为 30 400 元，本月发生制造费用 12 800 元。本月产成品数量为 32 件。该产成品单位产品的定额工时为 100 小时，其中第一步骤为 30 小时。第一步骤月初广义在产品的定额工时为 2 560 小时，本月投入定额工时 1 760 小时。则第一步骤制造费用在产成品与广义在产品之间按定额比例法分配计算如下：

第一步骤制造费用分配率＝(30 400＋12 800)÷(2 560＋1 760)＝10 (元/小时)

产成品第一步骤定额工时＝32×30＝960(小时)

月末广义在产品第一步骤定额工时＝2 560＋1 760－960＝3 360(小时)

第一步骤制造费用应计入产成品的份额＝960×10＝9 600(元)

第一步骤广义在产品应分配的制造费用＝3 360×10＝33 600(元)

【例 11-6】 某企业生产的甲产品经过 3 个生产车间完成。采用平行结转分步法计算产品成本，而且采用定额比例分配法计算各步骤应计入产成品的份额。本月产成品数量为 50 件。各步骤直接人工费用相关资料见表 11-18、表 11-19 和表 11-20。

表 11－18 产品定额资料

	第一车间	第二车间	第三车间
单件产品定额工时	120	35	45
50 件产品定额工时	6 000	1 750	2 250

表 11－19 直接人工费用表

项 目	一车间		二车间		三车间	
	直接人工	定额工时	直接人工	定额工时	直接人工	定额工时
月初余额	8 000	3 500	3 600	2 000	4 000	2 100
本月发生额	18 000	9 000	9 000	4 000	12 000	4 150
合计	26 000	12 500	12 600	6 000	16 000	6 250
分配率	$\frac{26\ 000}{12\ 500}=2.08$		$\frac{12\ 600}{6\ 000}=2.1$		$\frac{16\ 000}{6\ 250}=2.56$	

表 11－20 直接人工费用分配表

	一车间	二车间	三车间	合 计
产成品成本中本步份额	2.08×6 000＝12 480	2.1×1 750＝3 675	2.56×2 250＝5 760	21 915
在产品费用	13 520	8 925	10 240	32 685

2. 按约当产量法分配

按约当产量法分配，成本项目费用分配率计算公式为：

某步骤某成本项目费用分配率＝(该步骤该项成本项目期的费用＋该步骤该项成本项目本月发生费用)÷(产成品数量×单位产成品耗用该步骤半成品数量＋月末广义在产品约当产量)

【例 11－7】 某产品分两个步骤生产，第一步骤生产产品直接进入第二步骤生产。第二步骤单位产品的生产耗用第一步骤半成品一件。原材料于生产开始时一次投入，月末第一步骤加工中的在产品 20 件，完工率 50%。第二步骤加工中的在产品 10 件。完工产成品 20 件。第一步骤月初在产品成本和本月发生数合计中直接材料、直接人工、制造费用分别为 14 000 元、800 元和 500 元。

(1) 直接材料的分配：

第一步骤期末广义在产品约当产量＝20＋10＝30(件)

直接材料费用分配率＝14 000÷(20＋30)＝280(元/件)

材料费用应计入产成品的份额＝20×280＝5 600(元)

期末广义在产品材料费＝30×280＝8 400(元)

(2) 直接人工和制造费用的分配：

第一步骤期末广义在产品约当产量＝20×50%＋10＝20(件)

直接人工费用分配率＝800÷(20＋20)＝20(元/件)

人工费用应计入产成品的份额＝20×20＝400(元)

期末广义在产品人工费＝20×20＝400(元)

制造费用分配率＝500÷(20＋20)＝12.5(元/件)

制造费用应计入产成品的份额＝20×12.5＝250(元)

期末广义在产品制造费用＝20×12.5＝250(元)

11.3.3 平行结转分步法具体应用

【例 11-8】 某企业生产 A 产品经过两个生产步骤。半成品不经过半成品库收发。每一生产步骤完工产品与在产品之间的费用划分方法采用定额比例法，其中原材料费用按定额费用比例分配，其他各项费用采用定额工时比例分配。

(1) 本月第二步骤完工 A 产成品 400 件，有关产成品的定额资料见表 11-21。

表 11-21 产品定额资料

车　　间	原材料费用定额	工时定额
第一车间	175 元	65 小时
第二车间		60 小时

(2) 根据定额资料、各种费用分配表和产成品交库单，登记第一车间、第二车间的产品成本明细账见表 11-22、表 11-23。

表 11-22 产品成本明细账

第一车间：A 成品　　　　金额单位：元

摘　要	产量/件	原材料费用		定额工时	直接人工	制造费用	合　计
		定额	实际				
月初余额		63 360	67 260	19 520	20 080	39 240	126 580
本月生产费用		38 400	44 676	11 200	16 784	25 272	86 732
生产费用累计		101 760	111 936	30 720	36 864	64 512	213 312
费用分配率			1.1		1.2	2.1	
计入产成品份额	400	70 000	77 000	26 000	31 200	54 600	162 800
月末在产品		31 760	34 936	4 720	5 664	9 912	50 512

注：

① 计入产成品份额定额原材料费用＝400×175＝70 000(元)

② 计入产成品份额定额工时＝400×65＝26 000(小时)

③ 原材料费用分配率＝111 936÷101 760＝1.1

④ 原材料费用应计入产成品的份额＝400×175×1.1＝77 000

⑤ 直接人工费用分配率＝36 864÷30 720＝1.2

⑥ 直接人工费用应计入产成品的份额＝400×65×1 2＝31.200

⑦ 制造费用分配率＝64 512÷30 720＝2.1

⑧ 制造费用应计入产成品的份额＝400×65×2.1＝54 600

表 11-23 产品成本明细账

第二车间：A成品 金额单位：元

摘　要	产量/件	原材料费用		定额工时	直接人工	制造费用	合　计
		定额	实际				
月初余额				12 600	15 120	45 360	60 480
本月生产费用				19 700	26 870	67 690	94 560
累计				32 300	41 990	113 050	155 040
费用分配率					1.3	3.5	
计入产成品份额	400			24 000	31 200	84 000	115 200
月末在产品				8 300	10 790	29 050	39 840

(3) 根据第一、二车间产品成本明细账所记产成品成本份额，平行汇总产成品成本，见表11-24。

表 11-24 A产品成本汇总表

车　间	产量/件	原材料/元	直接人工/元	制造费用/元	合　计/元
第一车间		77 000	31 200	54 600	162 800
第二车间	400		31 200	84 000	115 200
合计		77 000	62 400	138 600	278 000
单位成本		192.50	156.00	346.50	695.00

问题与思考

平行结转分步法和平行结转分步法的主要区别在哪?

11.3.4 平行结转分步法的优缺点和应用条件

1. 平行结转分步法的优缺点

平行结转分步法的优点：各步骤可以同时计算产品成本，将计入完工产品成本的份额平行结转汇总计入产成品成本，不必逐步结转半成品成本，从而可简化和加速成本计算工作；能够直接提供按原始成本项目反映的产成品成本资料，不必进行成本还原，简化了成本计算工作。

平行结转分步法的缺点：不能提供各步骤半成品成本资料及各步骤所耗上一步骤半成品费用资料，因而不能全面地反映各步骤生产耗费水平，不利于各步骤的成本管理；由于各步骤间不结转半成品成本，使半成品实物转移与费用结转脱节，所以不能为各步骤在产品的实物管理和资金管理提供资料。

2. 平行结转分步法的应用条件

平行结转分步法的优缺点与逐步结转分步法的优缺点相反。该方法只宜在半成品种类较多，逐步结转半成品成本工作量较大，管理上又不要求提供各步骤半成品成本资料的情况下采用。

同步测试题

一、单项选择题

1. 下列方法中属于不计算半成品成本的分步法是(　　)。

A. 逐步结转分步法　　B. 综合结转法
C. 分项结转法　　D. 平行结转法

2. 采用逐步结转分步法，其在完工产品与在产品之间分配费用，是指在(　　)之间分配费用。

A. 产成品与月末在产品
B. 完工半成品与月末加工中的在产品
C. 产成品与广义的在产品
D. 前面步骤的完工半成品与加工中的在产品及最后步骤的产成品与加工中的在产品

3. 成本还原的对象是(　　)。

A. 产成品
B. 各步骤所耗上一步骤半成品的综合成本
C. 最后步骤的产成品成本
D. 各步骤半成品成本

4. 进行成本还原，应以还原分配率分别乘以(　　)。

A. 本月所产半成品各个成本项目的费用
B. 本月所耗半成品各个成本项目的费用
C. 本月所产该种半成品各个成本项目的费用
D. 本月所耗该种半成品各个成本项目的费用

5. 采用平行结转分步法，(　　)。

A. 不能全面反映各个生产步骤产品的生产耗费水平
B. 能够全面反映各个生产步骤产品的生产耗费水平
C. 能够全面地反映第一个生产步骤产品的生产耗费水平
D. 能够全面地反映最后一个步骤产品的生产耗费水平

6. 下列方法中需要进行成本还原的是(　　)。

A. 平行结转法　　B. 逐步结转法
C. 综合结转法　　D. 分项结转法

7. 成本还原就是从最后一个步骤起，把各步骤所耗上一步骤半成品成本，按照(　　)逐步分解，还原算出按原始成本项目反映的产成品成本。

A. 本月所耗半成品成本的结构
B. 本月完工产品成本的结构
C. 上一步骤所产该种半成品成本的结构
D. 上一步骤月末在产品成本的结构

8. 采用逐步结转分步法时，前一步骤完工半成品不通过半成品库收发，直接转入下一步骤继续生产时，应借记的科目是(　　)。

A. “自制半成品” B. “原材料”
C. “基本生产成本” D. “制造费用”

9. 在平行结转分步法下，完工产品与在产品之间费用的分配，正确的说法是指(   )两者之间的费用分配。
   A. 产成品与广义的在产品
   B. 产成品与狭义的在产品
   C. 各步骤完工半成品与月末加工中的在产品
   D. 应计入产成品的“份额”与广义的在产品

二、多项选择题

1. 采用综合结转法结转半成品成本的优点是(   )。
   A. 便于各步骤进行成本管理
   B. 便于各生产步骤完工产品的成本分析
   C. 便于从整个企业角度分析和考核产品成本的构成和水平
   D. 便于同行业间产品成本对比分析
2. 平行结转分步法的特点是(   )。
   A. 各生产步骤不计算半成品成本，只计算本步骤所发生的生产费用
   B. 各步骤间不结转半成品成本
   C. 各步骤应计算本步骤所发生的生产费用中应计入产成品成本的份额
   D. 将各步骤应计入产成品成本的份额平行结转，汇总计算产成品的总成本和单位成本
3. 广义的在产品是指(   )。
   A. 尚在本步骤加工中的在产品
   B. 转入各半成品库的半成品
   C. 已从半成品库转到以后各步骤进一步加工、尚未最后制成的半成品
   D. 全部加工中的在产品和半成品
4. 平行结转分步法适宜在(   )的情况下采用。
   A. 产品种类多，计算和结转半成品工作量大
   B. 管理上不要求提供各步骤半成品成本资料
   C. 管理上不要求提供原始成本项目反映的产成品成本资料
   D. 管理上不要求全面地反映各个生产步骤的生产耗费水平
5. 与逐步结转分步法相比，平行结转分步法的缺点是(   )。
   A. 各步骤不能同时计算产品成本
   B. 不需要进行成本还原
   C. 不能为实物管理和资金管理提供资料
   D. 不能提供各步骤的半成品成本资料

三、判断题

1. 分步法实质上是品种法的连续运用。 (   )
2. 平行结转法下，不计算在产品成本。 (   )
3. 逐步结转法下，无论是综合结转还是分项结转，本步骤所耗用上一步骤半成品成本一

定是上一步骤完工半成品成本。（ ）

4. 在采用逐步结转分步法时，无论是综合结转还是分项结转，第一步骤的半成品成本明细账登记方法均相同。（ ）

5. 在平行结转分步法下，如果通过半成品库收发，则应设置“自制半成品”账户。（ ）

四、实训题

1. 资料：某企业甲产品经过 3 个车间连续加工制成，一车间生产 A 半成品，直接转入二车间加工制成 B 半成品，B 半成品直接转入三车间加工成甲产成品。其中，1 件甲产品耗用 1 件 B 半成品，1 件 B 半成品耗用 1 件 A 半成品。原材料于生产开始时一次投入，各车间月末在产品完工率均为 50%。各车间生产费用在完工产品和在产品之间的分配采用约当产量法。

本月各车间产量资料见表 11 - 25。

表 11 - 25 各车间的产量

单位：件

摘　　要	一车间	二车间	三车间
月初在产品数量	20	50	40
本月投产数量或上步转入	180	160	180
本月完工产品数量	160	180	200
月末在产品数量	40	30	20

各车间月初及本月费用资料见表 11 - 26。

表 11 - 26 各车间月初及本月费用

金额单位：元

摘　　要		直接材料	直接人工	制造费用	合　计
一车间	月初在产品成本	1 000	60	100	1 160
	本月生产费用	18 400	2 200	2 400	23 000
二车间	月初在产品成本		200	120	320
	本月生产费用		3 200	4 800	8 000
三车间	月初在产品成本		180	160	340
	本月生产费用		3 450	2 550	6 000

要求：采用平行结转法计算产成品成本，编制各步骤成本计算单及产品成本汇总表（表 11 - 27、表 11 - 28、表 11 - 29、表 11 - 30 和表 11 - 31）。

表 11 - 27 各步骤约当产量的计算

摘　　要	直接材料	直接人工	制造费用
一车间步骤约当产量			
二车间步骤约当产量			
三车间步骤约当产量			

表 11-28 第一车间成本计算单

摘 要	直接材料	直接人工	制造费用	合 计
月初在产品成本				
本月发生费用				
合计				
步骤约当产量				
单位成本				
应计入产成品成本份额				
月末在产品成本				

表 11-29 第二车间成本计算单

摘 要	直接人工	制造费用	合 计
月初在产品成本			
本月发生费用			
合计			
步骤约当产量			
单位成本			
应计入产成品成本份额			
月末在产品成本			

表 11-30 第三车间成本计算单

摘 要	直接人工	制造费用	合 计
月初在产品成本			
本月发生费用			
合计			
步骤约当产量			
单位成本			
应计入产成品成本份额			
月末在产品成本			

表 11-31 产品成本汇总计算表

产品名称：甲产品

项 目	数 量	直接材料	直接人工	制造费用	总成本	单位成本
一车间						
二车间						
三车间						
合计						

2. 某企业乙产品的生产要经过 3 个步骤连续加工完成。第一步骤在第一车间完成，生产

出X半成品，直接转入第二车间进行第二步骤的生产，生产出Y半成品，Y半成品直接转入第三车间进行第三步骤的生产，生产出乙产品。原材料在生产开始时一次投入，各车间月末在产品完工率均为50%。各步骤生产费用在完工产品和在产品之间分配采用约当产量法。该企业10月份的资料见表11-32、表11-33。

表11-32 产量资料

摘　　要	一车间	二车间	三车间
月初在产品数量	40	80	80
本月投入数量或者上步转入	360	320	360
本月完工产品数量	320	360	400
月末在产品数量	80	40	40

表11-33 月初及本月费用资料

摘　　要		直接材料(或半成品)/元	直接人工/元	制造费用/元	合　计/元
一车间	月初在产品成本	3 000	150	360	3 510
	本月生产费用	55 200	6 600	7 200	69 000
二车间	月初在产品成本	6 720	660	420	7 800
	本月生产费用		9 600	14 400	24 000
三车间	月初在产品成本	7 920	690	540	9 150
	本月生产费用		10 650	7 650	18 300

要求：

(1) 编制各步骤成本计算单，采用综合结转法计算各步骤半成品成本及产成品成本，并进行成本还原(表11-34、表11-35、表11-36和表11-37)。

(2) 编制各步骤成本计算单，采用逐步结转法计算各步骤半成品成本及产成品成本(表11-38、表11-39和表11-40)。

表11-34 第一车间成本计算单

产品名称：X半成品

摘　　要	直接材料	直接人工	制造费用	合　计
月初在产品成本				
本月发生费用				
合计				
约当产量合计				
单位成本				
完工半成品成本				
月末在产品成本				

表 11-35　第二车间成本计算单

产品名称：Y 半成品

摘　　要	半成品	直接人工	制造费用	合　计
月初在产品成本				
本月发生费用				
合计				
约当产量合计				
单位成本				
完工半成品成本				
月末在产品成本				

表 11-36　第三车间成本计算单

产品名称：乙产品

摘　　要	半成品	直接人工	制造费用	合　计
月初在产品成本				
本月发生费用				
合计				
约当产量合计				
单位成本				
完工产品成本				
月末在产品成本				

表 11-37　产品成本还原计算表

项　　目	还原分配率	半成品	直接材料	直接人工	制造费用	合　计
还原前乙产品成本						
Y 半成品成本						
第一次成本还原						
X 半成品成本						
第二次成本还原						
还原后乙产品成本						
单位乙产品成本						

表 11－38　第一车间成本计算单

产品名称：X 半成品

摘　　要	直接材料	直接人工	制造费用	合　计
月初在产品成本				
本月发生费用				
合计				
约当产量合计				
单位成本				
完工半成品成本				
月末在产品成本				

表 11－39　第二车间成本计算单

产品名称：Y 半成品

摘　　要	直接材料	直接人工	制造费用	合　计
月初在产品成本				
本月本步骤加工费用				
本月耗用上步骤半成品费用				
合计				
约当产量合计				
单位成本				
完工半成品成本				
月末在产品成本				

表 11－40　第三车间成本计算单

产品名称：乙产品

摘　　要	直接材料	直接人工	制造费用	合　计
月初在产品成本				
本月本步骤加工费用				
本月耗用上步骤半成品费用				
合计				
约当产量合计				
单位成本				
完工产品成本				
月末在产品成本				

第12章 分类法

学习目标

1. 了解分类法的主要特点。
2. 理解分类法的优缺点。
3. 掌握分批法的成本计算，能根据不同企业的成本核算特点选择不同的成本计算方法。

引　例

某食品厂主要生产各种饼干和面包。设有两个基本生产车间，其中一车间生产饼干，共有15个品种；二车间生产面包，共有10个品种。由于生产工艺过程属于单步骤生产，且企业不间断地大量重复生产饼干和面包，企业采用品种法进行产品成本计算。为此企业按照产品品种开设了25张基本生产成本明细账。该企业属于民营中小企业，规模较小，每种产品的数量并不多，而且出于人员成本的考虑，会计人员设置较为简单，仅设置了一名成本会计小钱。小钱在面对25种产品的核算时，常常会弄混成本的登记，虽然很认真地核算，但常常会出错。为此该企业为简化成本计算工作，改变成本计算方法，采用分类法进行产品成本的计算。例如，饼干按照生产工艺的不同，将产品分为甜酥性饼干、发酵饼干和花色饼干3个类别。先把3类产品的成本计算出来，然后类内再按照一定的方法进行分配。按照这种方法计算产品成本后，小钱感觉工作轻松了很多。但是小钱考虑的问题还很多，例如，如何选择类内产品成本的分配方法？

12.1 分类法的特点和计算程序

前面对产品成本计算的基本方法进行了阐述，3 种基本方法是制造企业产品成本计算的常用方法。但是在实际工作中，由于某些企业的特殊情况，可能需要采取其他的一些成本计算方法，如在产品品种、规格繁多。加工工艺基本相同的企业，为简化成本计算而采用分类法，类内再按照一定的标准对产品成本进行分化，而联产品、副产品、等级品可以比照分类法的方法进行成本核算。

12.1.1 分类法的概念和特点

产品成本计算的分类法是按照产品类别归集生产费用，先计算各类产品的类别总成本，然后再按一定标准分配计算同类中各种产品成本的方法。在实际工作中，一般将类内各产品之间的分配成本比例折合为系数，按系数进行分配，所以分类法又可称为系数法。分类法有如下特点：

(1) 以产品类别作为成本计算对象。先将众多的产品品种按照产品性质、生产工艺及所耗原材料等划分几个类别。然后再以类别作为成本计算对象。

(2) 按类归集的生产费用总额在完工产品和月末在产品之间进行分配。

(3) 同产品成本计算的基本方法结合使用。分类法不是一种独立的产品成本计算方法，在计算同类产品的成本时，还需采用品种法、分步法或者分批法等基本计算方法。

12.1.2 分类法的成本计算程序

(1) 确定产品的类别。产品的类别为成本计算对象开设成本计算单，归集和分配本月费用。

划分产品类别的时候，要考虑同一类别的性质、结构、所耗用原材料是否相同。

(2) 每月月末，按类别计算出本月完工产品成本和月末在产品成本。

在该步骤中，可根据成本核算特点采用前述的各种方法进行计算。

(3) 计算分配类内各种产品或规格产品的成本。将已计算出的每类完工产品成本采用一定的方法分配给类内各种产品或不同规格的产品，然后计算产品的总成本和单位成本。

进行类内产品的费用分配是分类法的重点内容，在进行类内产品的费用分配时，可以按以下步骤进行：

(1) 确定标准产品及产品的分配标准额(如消耗定额、费用定额或工时定额等)，将标准产品的系数定为“1”。标准产品一般选用产销量大、生产正常、售价稳定的产品。

(2) 用其他产品的分配标准额同标准产品的分配标准额相比，计算出比率即系数(系数的算法在 12.3 节阐述)。

(3) 计算各产品的总系数。

某种产品总系数(标准产量)＝该产品实际产量×系数

类内标准产品总量(总系数)＝∑各产品标准产量

(4) 利用总系数进行费用分配，计算出各种产品负担费用。

分配率(单位系数成本)=某类产品总成本÷该类标准产品总量

某种产品总成本=分配率×该产品总系数

某种产品单位成本=该种产品总成本÷该种产品产量

(5) 汇总计算各种完工产品的总成本和单位成本。

问题与思考

利用分类法计算产品成本时，确定类别的关键是什么？

12.1.3 系数的计算方法

要进行类内产品费用分配，首先要计算系数，由于成本计算要求的不同，系数可以分为综合系数和单项系数。

1) 综合系数

综合系数是以某一综合性分配标准为基础制定的系数。其计算公式为：

单位成本系数=某种产品的定额成本÷标准产品的定额成本

采用综合系数分配费用，计算比较简单，但分配结果的正确性较差。

【例 12-1】 某企业采用分类法对产品成本核算，A类产品分为甲、乙、丙3个品种。乙为标准产品。该类产品本月总成本为18 330元(其中直接材料12 000元，直接人工3 000元，制造费用3 330元)。该类产品的产量和单位定额成本见表12-1。

表 12-1 产量和单位定额成本表

20××年×月

产品类别	规 格	产 量/件	单位定额成本/元
A类产品	甲	80	13.5
	乙	240	18
	丙	160	21.24

(1) 甲产品单位成本系数=13.5/18=0.75

乙产品单位成本系数=18/18=1

丙产品单位成本系数=21.24/18=1.18

(2) 甲产品总系数(标准产量)=80×0.75=60

乙产品总系数(标准产量)=240×1=240

丙产品总系数(标准产量)=160×1.18=188.8

A类标准产品总量(总系数)=60+240+188.8=488.8

(3) 分配率=A类产品总成本÷A类标准产品总量=18 330/488.8=37.5(元/件)

(4) 甲产品总成本=分配率×甲产品总系数=37.5×60=2 250(元)

乙产品总成本=37.5×240=9 000(元)

丙产品总成本=37.5×188.8=7 080(元)

从上面的计算结果可以看出，我们得出的只是类内每种产品的总成本，但是无法看出总成本的结构如何。

2）单项系数

单项系数是以某一单项分配标准为基础制定的系数。一般情况下，企业以原材料定额成本和工时定额作为标准分项计算系数。

(1) 如果共同耗用多种原材料，则按定额成本计算系数，某计算公式为：

原材料成本系数＝某种产品所耗各种原材料定额成本÷标准产品所耗各种原材料定额成本

(2) 如果共同耗用一种原材料，则按原材料的消耗定额计算系数，其计算公式为：

原材料成本系数＝某产品耗用原材料消耗定额÷标准产品耗用原材料消耗定额

产品的人工和制造费用可以按下列公式计算系数：

工资(制造费用)成本系数＝某产品工资(制造费用)定额成本(或定额工时)÷标准产品工资(制造费用)定额成本(或定额工时)

采用单项系数分配计算产品成本，计算较复杂，但结果较正确。

系数确定后，再计算各种产品的总系数，并据以分配计算类内各种产品的成本。

问题与思考

如何根据企业的实际情况选择系数的确定方法？

12.1.4 分类法成本计算举例

【例 12-2】 某厂采用分类法计算产品成本，按一定的标准将繁多的品种划分为若干类。甲、乙、丙 3 种产品结构相同，耗用材料相同，归成一类，为第 A 类。

(1) 开设按产品类别的成本计算单见表 12-2，归集和分配本月费用的方法和程序与品种法相同，因而本例的计算分配过程略。

(2) 计算和分配类别的本月完工产品和月末在产品成本。月末在产品成本按定额成本计算。计算分配过程略，其结果见表 12-2。

表 12-2 第 A 类产品成本明细账

摘　　要	直接材料/元	直接人工/元	制造费用/元	合　计/元
在产品成本(定额成本)	78 500	20 000	26 800	125 300
本月生产费用	279 000	100 250	87 500	466 750
生产费用累计	357 500	120 250	114 300	592 050
完工产品成本	302 400	89 250	85 000	476 650
在产品成本(定额成本)	55 100	31 000	29 300	115 400

(3) 分配计算第 A 类的 3 种产品的成本。

① 3 种产品的产量。

甲产品　　10 000 千克

乙产品　　7 000 千克

丙产品　　5 000 千克

② 3 种产品的单位产品所耗用材料和人工工时的数量均不同，采用系数法分配类内 3 种产品的成本。材料费用按材料定额成本系数分配，其他费用按定额工时系数分配。

系数计算公式：

3 种产品的单位产品定额资料和单位系数，见表 12-3。

表 12-3 单位产品定额资料及系数计算表

产品名称	直接材料/元	定额费用单位系数	人工工时/小时	定额工时单位系数
甲(标准产品)	10	1	1.6	1
乙	8	8/10=0.8	2	2/1.6=1.25
丙	12	12/10=1.2	0.8	0.8/1.6=0.5

根据 3 种产品产量和单位系数，分配计算甲、乙、丙 3 种产品的成本，见表 12-4。

表 12-4 第 A 类类内各种完工产品成本分配计算表

金额单位：元

项目	产量	直接材料系数	直接材料总系数	工时系数	定额工时系数	直接材料	直接人工	制造费用	成本合计
1	2	3	4=2×3	5	6=2×5	7=4×率	8=6×率	9=6×率	10
分配率						14	4.2	4.0	
甲产品	10 000	1	10 000	1	10 000	140 000	42 000	40 000	222 000
乙产品	7 000	0.8	5 600	1.25	8 750	78 400	36 750	35 000	150 150
丙产品	5 000	1.2	6 000	0.5	2 500	84 000	10 500	10 000	104 500
合　计			21 600		21 250	302 400	89 250	85 000	476 650

注：直接材料分配率=302 400/21 600=14

直接人工分配率=89 250/21 250=4.20

制造费用分配率=85 000/21 250=4.00

12.1.5 分类法的优缺点及其适用范围

1. 分类法的优缺点

由于分类法的成本计算对象是产品的类别，这就使成本计算对象大为减少，节省了归集和分配费用以及登记产品成本明细账的工作量，所以简化了成本核算工作；但是，由于类内各种产品或不同规格产品的成本是用一定的标准和比例分配计算出来的，其正确性和合理性受到一定的影响，所以采用分类法计算成本应注意划分类别的范围和选择分配类内各种产品或规格产品成本的标准都要适当。

2. 分类法的适用范围

分类法适用于产品品种、规格繁多，且可以按照一定标准将产品划分为若干类别的企业。分类法是以产品类别为成本计算对象，因此，采用这种方法应将产品划分为不同的类别，按类别开设成本计算单，归集和分配生产费用。

采用分类法时，必须选择合理的标准分配计算类内各种产品的成本。分配标准的选择，既要保证费用分配结果的正确性和合理性，又要使分配工作简便易行。通常采用的分配标准有产品的数量、重量、体积、长度、定额消耗量、定额成本、售价等，或将这些标准折合为系数。

12.2 联　产　品

12.2.1 联产品的概念及特点

联产品是指工业企业在生产过程中，利用同一种材料，在同一生产过程中同时生产出两种或两种以上地位相同但用途不同的主要产品。例如，奶制品加工厂可以同时生产出牛奶、奶油等。较典型的是炼油厂，通常是投入原油后，经过某个加工过程，可以生成各种联产品，如催化原油经过催化，可以生产出汽油、轻柴油、重柴油和汽 4 种联产品。

在联产品的生产过程中，投入相同的原材料，经过同一生产过程后，在某一个“点”分离为各种联产品。通常称这个点为“分离点”，分离后的联产品，有的可以直接销售，有的必须经过进一步加工后再出售。把在分离点前发生的成本统称为联合成本。而把进一步加工成本称为归属成本。它们之间的联系如图 12.1 所示。

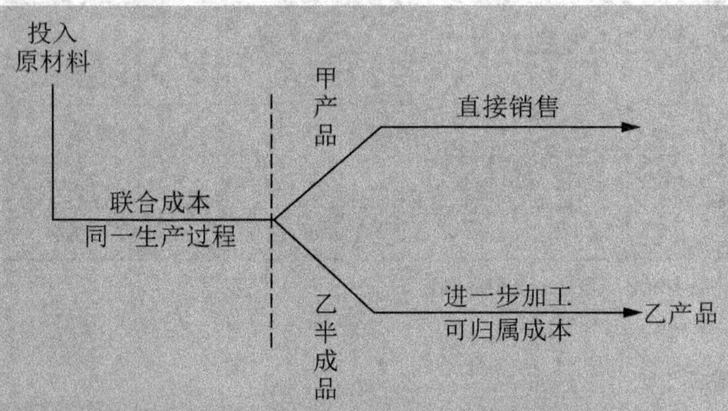

图 12.1　归属成本与联合成本的联系

联产品的特点如下：

(1) 联产品是在生产过程中利用同一种原材料一起生产出来的，其性质和用途都不一样。

(2) 联产品在生产过程中所耗用的原材料和加工费是不能按照产品分别计算的。

(3) 各种联产品都是主要产品。其生产工艺程序也不尽相同。

12.2.2 联产品的成本计算方法

联产品所用的原材料和工艺过程相同，因而最宜于归为一类，一般采用分类法计算成本。联产品成本的计算通常分两个阶段进行：第一阶段，联合成本可按照一个成本核算对象设置一个成本明细账进行归集，然后将其总额按照一定的分配方法(系数分配法、实物量分配法等)在各联合成本之间进行分配；第二阶段，分离后按照各产品分别设置明细账，归集其分离后所发生的加工成本。

1. 系数分配法

系数分配法就是将各种联产品的实际产量按事前规定的系数折算为相对生产量，然后将联产品的联合成本按各联产品的相对生产比例进行分配。此法类似于前面的分类法，不再举例阐述。

2. 实物量分配法

实物量分配法就是按分离点上各种联产品的重量、容积或其他实物量度比例来分配联合成本。按实物分配联合成本，优点是简便易行，因为物质产品都可用实物单位计量，资料较易取得，为成本分摊带来方便；某些分离后需继续加工的中间产品，无法确定销售价格时也可以采用此法。该法较适用于特征、含量和销售单价近似的联产品联合成本分配。

单位数量(或重量)成本计算公式为：

单位数量(或重量)成本＝联合成本÷各联合产品的总数量(或重量)

【例 12-3】 某企业生产联产品甲和乙。12 月份发生加工成本 1 200 万元，假定 A 产品为 1 120 件，B 产品为 880 件。采用实物量分配法分配联合成本：

甲产品成本＝[1 200÷(1 120＋880)]×1 120＝672(万元)

乙产品成本＝[1 200÷(1 120＋880)]×880＝528(万元)

3. 相关销售价值分配法

它是以不同的联产品，有不同的销售价格，售价较高的联产品通常应该成比例地负担较高份额的联合成本为理论依据，这种方法从另一个侧面来弥补实物量分配方法的不足。但其本身也存在缺陷：首先，并非所有的成本都和售价有关，价格较高的产品不一定要负担较高的成本；其次，并非所有的联产品都具有同样的获利能力。这种方法一般适用于分离后不再加工，而且价格波动不大的联产品成本计算。

【例 12-4】 某公司生产联产品 A 和 B。10 月份发生加工成本 1 500 万元。A 和 B 在分离点上的销售价格总额为 9 000 万元，其中 A 产品的销售价格总额为 5 400 万元，B 产品的销售总额为 3 600 万元。

采用相关销售价值分配法分配联合成本：

$$A\text{产品成本}=\frac{1\ 500}{5\ 400+3\ 600}\times 5\ 400=900(\text{万元})$$

$$B\text{产品成本}=\frac{1\ 500}{5\ 400+3\ 600}\times 3\ 600=600(\text{万元})$$

12.2.3 联产品成本计算举例

【例 12-5】 某厂用某种原材料经过同一生产过程同时生产出甲、乙两种联产品。2010 年 12 月共产出甲产品 3 200 千克、乙产品 1 600 千克，无期初、期末在产品。该月生产发生的联合成本分别为：原材料为 30 000 元，直接人工为 10 800 元，制造费用为 19 200 元。甲产品每千克的售价为 50 元，乙产品每千克的售价为 60 元，假设全部产品均已售出。根据资料分别用系数分配法、实物量分配法、相关销售价值分配法计算甲、乙产品的成本。计算过程分别见表 12-5、表 12-6 和表 12-7。

表 12-5 联产品成本计算表(系数分配法)

产品名称	产量/千克	系数*	标准产量	分配率	应负担的成本/元			
					直接材料	直接人工	制造费用	合 计
甲	3 200	1	3 200	62.5%	18 750	6 750	12 000	37 500
乙	1 600	1.2	1 920	37.5%	11 250	4 050	7 200	22 500
合 计	4 800		5 120	100%	30 000	10 800	19 200	60 000

注：* 以售价为标准确定系数，选择甲产品为标准产品，其系数为 1，乙产品的系数为 60÷50＝1.2。

表 12-6　联产品成本计算表(实物量分配法)

金额单位：元

项　目	产量/千克	直接材料	直接人工	制造费用	合　计
本月发生	4 800	30 000	10 800	19 200	60 000
分配率*		6.25	2.25	4	12.5
甲	3 200	20 000	7 200	12 800	40 000
乙	1 600	10 000	3 600	6 400	20 000

注：*分配率＝各项成本÷总产量

直接材料分配率＝30 000÷4 800＝6.25

甲产品应分配的直接材料＝3 200×6.25＝20 000

乙产品应分配的直接材料＝1 600×6.25＝10 000

表 12-7　联产品成本计算表(相关销售价值分配法)

金额单位：元

产品名称	产量/千克	销售单价	销售价值	分配率	应负担的成本			
					直接材料	直接人工	制造费用	合　计
甲	3 200	50	160 000	62.5%	18 750	6 750	12 000	37 500
乙	1 600	60	96 000	37.5%	11 250	4 050	7 200	22 500
合　计	4 800		5 120	100%	30 000	10 800	19 200	60 000

12.3　副　产　品

12.3.1　副产品的概念

副产品是指在生产主要产品的过程中，附带生产出一些非主要产品，它不是企业的主要产品，但这些副产品尚有一定的用途，能满足某些方面的需要，如在肥皂生产中产生的甘油等。有些企业对在生产过程中所产生的一些废气、废水、废渣进行综合利用、回收或提炼而出来的产品，也可以称为副产品。

联产品都是主要产品，是企业生产活动的主要目的；副产品是次要产品，随主要产品附带生产出来，依附于主要产品，不是企业生产活动的主要目的。主副产品不是固定不变的，随着各种条件的变化，副产品也能转为主要产品。原来的副产品，由于新的用途而提高售价，就可能从副产品上升为主产品。

12.3.2　副产品成本的计算方法

副产品成本的计算主要是指副产品成本计价，即要确定副产品应负担的分离点前的联合成本。

副产品在分离后，可以作为产成品直接对外销售，也可以进一步加工后再出售。所以副产品成本计价将由于这两种不同的情况分别采用两种方法。

1. 直接对外销售副产品的成本计算

(1) 副产品不负担联合成本。如果副产品的价值较低，副产品可以不负担分离前的联合成本，联合成本全部由主产品负担，副产品的销售收入直接作为其他业务利润处理。

(2) 副产品作价扣除。按销售价格扣除税金销售费用和合理利润后的余额，作为副产品应负担的成本从联合成本中扣除。副产品的成本既可以从直接材料成本项目中扣除，也可以按比例从联合成本各成本项目中扣除。

【例 12-6】 某企业在生产 A 产品时，附带生产出 B 副产品。20××年 3 月份共发生联合成本 174 000 元，其中，直接材料 121 800 元、直接人工 20 880 元、制造费用 31 320 元。B 副产品产量为 3 000 件，单位产品售价 4 元，销售费用总额 2 400 元，销售税金总额 1 600 元，单位产品正常利润 0.6 元。假定副产品成本按比例从各成本项目中扣除。

根据题意，计算本期 B 副产品总成本如下：

B 副产品总成本＝3 000×4－2 400－1 600－3 000×0.6＝6 200(元)

根据 B 副产品总成本，按联合成本各成本项目比重，计算分离副产品成本，确定主产品成本，计算结果见表 12-8。

表 12-8 副产品成本计算表

20××年 3 月　　　　金额单位：元

成本项目	总成本	成本项目比重	B 副产品负担成本	A 主产品负担成本
直接材料	121 800	70%	4 340	117 460
直接人工	20 880	12%	744	20 136
制造费用	31 320	18%	1 116	30 204
合　计	174 000	100%	6 200	167 800

表 12-8 的计算过程如下：

直接材料成本项目比重＝121 800÷174 000＝0.7

直接人工成本项目比重＝20 880÷174 000＝0.12

制造费用成本项目比重＝31 320÷174 000＝0.18

B 副产品应负担的直接材料费用＝6 200×0.7＝4 340(元)

B 副产品应负担的直接人工费用＝6 200×0.12＝744(元)

B 副产品应负担的制造费用＝6 200×0.18＝1 116(元)

A 主产品应负担的成本＝联合成本－B 副产品负担成本

2. 需进一步加工的副产品的成本计算

(1) 副产品只负担可归属成本。采用这种方法时，副产品不负担分离前的联合成本，联合成本全部由主产品负担，副产品只负担分离后进一步加工的成本。显而易见，这种方法简便、易行，但是它少计了副产品的成本，多计了主产品的成本。

(2) 副产品成本按计划单位成本计算。如果副产品进一步加工所需时间不长，费用不大，为简化成本计算工作，可以只设主产品成本计算单，不设副产品成本计算单。副产品按计划单位成本计价，并将其计划成本从主产品成本计算单中转出，余额即为主产品的成本。

产品成本按应负担的联合成本加上可归属成本计价。

对于分离后需进一步加工才能出售的副产品，如果其价值相对较高，则需计算分离前应负担的联合成本和可归属成本，以确保主产品成本计算的合理性。这种方法下，副产品负担的联合成本，可采用前述方法，按销售价格扣除销售费用、销售税金、正常利润后再减去进一步加工的成本后的价值计算，将其从联合成本中扣除。

【例 12－7】 假定在【例 12－6】中，B 副产品分离后尚需进一步加工，进一步加工的人工费用为 1 000 元，制造费用为 200 元，则计算本期 B 副产品总成本如下：

B 副产品应负担的总成本＝5 000＋1 200＝6 200(元)

根据 B 副产品总成本，按联合成本各成本项目比重计算分离副产品成本，确定主产品成本，计算分离的结果见表 12－9。

表 12－9 副产品成本计算表

20××年 3 月　　　　　　　　　　　　　　　　　　金额单位：元

成本项目	总成本	成本项目比重	B 副产品成本			A 主产品成本
			联合成本	可归属成本	合计	
直接材料	121 800	70%	3 500		3 500	118 300
直接人工	20 880	12%	600	1 000	1 600	20 280
制造费用	31 320	18%	900	200	1 100	30 420
合　计	17 4000	100%	5 000	1 200	6 200	169 000

12.4 等　级　品

12.4.1 等级产品概念

等级产品是指企业使用相同原材料，经过同一生产过程生产出来的品种相同但品级或质量不同的产品，如电子元件、针纺织品等，经常会出现一等、二等、三等品。

等级产品与联产品、副产品是不同的概念，虽然它们都是使用同一种原材料，经过相同生产过程生产出来的产品，但联产品、副产品是指一组性质不同、用途不同的产品；而每种联产品、副产品质量可以比较一致；等级产品是性质、用途相同的同一种产品，只是由于质量的高下之分而使得其销售单价相应分为不同等级。

等级产品与非合格品也是两个不同的概念。等级产品分为一级、二级、三级等，但等级产品的二级、三级并不是非合格品，它们与一级产品在质量上的差别在允许的设计范围之内，这些差别一般不影响产品的正常使用。而非合格品是等级以下的产品，其质量指标没有达到设计的要求，属于废品范围。

12.4.2 等级产品成本计算

造成等级产品质量差别的原因不同，计算方法也不相同。

1. *按实物量分配计算等级产品成本*

有些等级产品是因为工人操作不慎、技术不熟练、经营管理不善而造成的，如织布时出现跳线。这种情况下产生的各等级的产品，是经过完全相同的生产过程，使用了完全相同的原材料生产出来的，所以它们的成本应该是相同的。也就是说，等级低的产品应该和等级高的产品承担相同的成本。这样，等级低的产品由于售价低于等级高的产品而减少的利润，正好说明企业因工作上的过失而造成的损失。

2. 按系数分配

造成等级产品的品级和质量不同的另一种原因是因为自然条件不同，或者因为原材料的质量不同、工艺技术上的要求不同以及生产技术水平的限制等例如，不同煤层的煤炭可能含量不同，采掘出不同等级的煤。这种由于客观条件产生的等级品是难以避免的，那么不同等级的产品就不应该负担相同的成本。这种情况下，可将各等级品作为一类产品，计算出这类产品的联合成本，采用分类法的原理进行成本计算通常可以按产品的单位售价的比例定出系数，再按系数比例来分配各等级产品应负担的成本；也可以根据含量等其他工艺参数制定系数。

问题与思考

什么是联产品、副产品和等级品？简要说明其联系与区别。

同步测试题

一、单项选择题

1. 系数法是(　　)的一种，系数一经确定，应相对稳定，不应任意变更。
   A. 分类法　　B. 分批法　　C. 定额法　　D. 分步法
2. 采用分类法的目的是(　　)。
   A. 简化各种产品的成本计算工作
   B. 分类计算产品成本
   C. 简化种类产品的成本计算工作
   D. 准确计算各种产品的成本
3. 在计算副产品的成本项目时，将副产品的成本从总成本中扣除，一般是从(　　)中扣除。
   A. 工资及福利费用　　B. 制造费用项目
   C. 原材料项目　　D. 总成本
4. 分类法是在产品品种、规格繁多，但可以按一定标准对产品进行分类的情况下，为了下列目的而采用的方法，即(　　)。
   A. 加强成本管理　　B. 简化成本计算工作
   C. 计算各种产品成本　　D. 计算各类产品成本

二、多项选择题

1. 采用分类法，同类产品内各产品成本，可以按照(　　)分配确定。
   A. 定额消耗量　　B. 定额费用　　C. 标准产品产量　　D. 总系数
2. 采用系数法时，被选定为标准产品的产品，应具备下列条件(　　)。
   A. 产销量小　　B. 产销量大
   C. 生产正常、售价稳定　　D. 规格适中
3. 采用分类法计算产品成本时，关键是(　　)的确定是否恰当。

A. 产品的分类　　B. 产品的售价　　C. 分配标准　　D. 系数

4. 下列计价方法中，属于副产品计价方法的有(　　)。

A. 按实际成本计价　　B. 按计划成本计价

C. 按固定成本计价　　D. 按售价计价

三、判断题

1. 只要产品的品种、规格繁多，就可以采用分类法计算产品成本。(　　)

2. 用分类法计算出的类内各产品的成本具有一定的假定性。(　　)

3. 副产品在与主产品分离以后还要进行加工的，应按其分离后的生产特点和管理要求计算成本。(　　)

4. 分类法是以产品类别为成本计算对象的一种产品成本计算方法。(　　)

5. 主产品与副产品在分离前应合为一类产品计算成本。(　　)

6. 联产品与副产品都可能产生等级品。(　　)

7. 不同等级的产品可按产品的单位售价的比例定出系数，再按系数比例来分配各等级产品应负担的成本。(　　)

四、实训题

某企业的产品规格很多，成本计算采用分类法，甲、乙、丙 3 种产品的结构、所用原料和工艺过程相近，合并为一类(A 类)计算成本。6 月份有关成本计算资料和各产品所耗各种直接材料的定额消耗、定额工时见表 12－10、表 12－11。

表 12－10　6 月份 A 类产品成本明细账

摘　要	直接材料/元	直接人工/元	制造费用/元	合　计/元
在产品成本(定额成本)	19 800	3 762	9 504	33 066
本月生产费用	30 360	6 570	16 438	53 368
生产费用累计	50 160	10 332	25 942	86 434
完工产品成本	28 160	6 076	15 190	49 426
在产品成本(定额成本)	22 000	4 256	10 752	37 008

表 12－11　单位产品定额资料及系数计算表

产品名称	直接材料/元	定额费用单位系数	人工工时/小时	定额工时单位系数
甲	3 630		27	
乙(标准产品)	3 300		30	
丙	2 970		18	

要求：采用分类法计算各产品的成本，将有关计算内容和结果填入表 12－11 和表12－12。

表 12-12 第A类类内各种完工产品成本分配计算表

项目	产量	直接材料系数	直接材料总系数	工时系数	定额工时系数	直接材料	直接人工	制造费用	成本合计
1	2	3	4=2×3	5	6=2×5	7=4×率	8=6×率	9=6×率	10
分配率									
甲产品	200								
乙产品	250								
丙产品	300								
合 计									

第13章 成本报表的编制与分析

学习目标

1. 了解成本报表的种类。
2. 理解成本报表的编制。
3. 掌握成本分析方法。

引　例

某企业对产品的成本制定了严格的计划成本，并要求各部门严格按照计划执行，但发现该产品的单位成本还是逐年上升。于是，该企业决定逐项分析企业产品计划成本的执行情况。将产品成本的各成本项目和计划进行比较，发现材料耗用比计划有所上升，而其他项目基本持平。企业进而分析直接材料中的原材料、辅助材料、动力费等项目，将这些项目和计划成本进行比较。得出辅助材料耗用比计划成本有所上升，其他项目基本持平。而辅助材料的耗用之所以逐年上升，原因在于缺乏辅助材料的管理，在辅助材料的领用上没有专人管理，以致各生产部门随意领用，最终导致成本上升。可见，将各年的成本项目同计划进行比较，能将成本上升的原因具体到各责任部门。这样可促进企业加强成本管理。而将产品成本的各项目在表格中同计划进行比较，就是一张成本报表，此类报表主要是为满足内部管理需要而编制的。

13.1　成本报表的概念和种类

13.1.1　成本报表的概念

会计报表是企业财务报告的主要部分，是企业向外传递会计信息的主要手段。会计报表是根据日常会计核算资料定期编制的，综合反映企业某一特定日期财务状况和某一会计期间经营成果、现金流量的总结性书面文件。会计报表按报送对象不同，可分为对内报表和对外报表。成本报表是企业内部报表中的主要报表。成本报表是根据日常成本核算资料及相关资料定期编制，用来反映企业一定期间成本水平及构成情况的会计报表。根据我国现行会计制度规定，成本报表不作为企业向外报送的会计报表，它主要是为满足内部管理需要而编制的。

13.1.2　成本报表的作用

成本报表是进行成本分析的主要依据。成本会计报表的主要作用是向企业职工、各管理职能部门和企业领导以及上级主管部门提供成本信息，用以加强成本管理，促进和挖掘降低成本的潜力。

(1) 企业和主管企业的上级机构（或公司）利用成本报表，可以检查企业成本计划的执行情况，考核企业成本工作绩效，对企业成本工作进行评价。

(2) 通过成本报表分析，可以揭示影响产品成本指标和费用项目变动的因素和原因，从生产技术、生产组织和经营管理等各个方面挖掘和动员节约费用支出和降低产品成本的潜力，提高企业生产耗费的经济效益。

(3) 成本报表提供的实际产品（或经营业务）成本和费用支出的资料，不仅可以满足企业、车间和部门加强日常成本、费用管理的需要，而且是企业进行成本、利润的预测、决策，编制产品成本和各项费用计划，制定产品价格的重要依据。

13.1.3　成本报表的种类

1. 按成本报表反映的内容分类

(1) 反映成本计划完成情况的报表。这类报表主要有产品生产成本表、主要产品单位成本表等。通过这类报表可以揭示企业为生产一定产品所付出成本是否达到了预定的要求。在报表中，可以将报告期实际成本水平和计划成本水平、历史成本水平以及同行业成本水平进行比较，以反映成本管理工作的成效，并为深入进行成本分析、挖掘降低成本的潜力提供资料。

(2) 反映费用支出情况的报表。这类报表主要有制造费用明细表、管理费用明细表、销售费用明细表等。通过它们可以了解到企业在一定时期内费用支出的总额及其构成的情况，了解到费用支出的合理程度和变动趋势，以便企业管理部门正确地制定费用预算，考核各项消耗和支出指标的完成情况，明确各有关部门和人员的经济责任。

(3) 反映生产经营情况的报表。这类报表主要有生产情况表、材料耗用表、材料差异分析表等。这类报表属于专题报表，主要反映生产中影响产品生产成本的某些特定的重要问题，一般依据实际需要灵活设置。

2. 按成本报表的编制时间分类

成本报表在报送内容上虽不像财务报表那样规范，尤其是在报送时间上具有很大灵活性，但主要报表仍可按编报时间分为年报、季报、月报、旬报、日报等报表。

13.2 产品生产成本表的编制与分析

13.2.1 产品成本报表的概念

产品成本报表是反映企业在报告期内生产的全部产品(包括可比产品和不可比产品)的总成本和主要产品的单位成本的会计报表。

编制产品成本报表是为了考核企业全部产品的成本执行情况以及可比产品成本降低任务的完成情况，以便分析成本增减变化的原因，指出进一步降低成本的途径。

13.2.2 产品成本表的结构和编制方法

产品成本表分为基本报表和补充资料两部分，基本报表又包括可比产品成本和不可比产品成本。报表格式举例见表 13－1。

表 13－1 产品成本表

××工厂　　20××年 9 月　　金额单位：元

产品名称	计量单位	实际产量		单位成本				本月总成本			本年累计总成本		
		本月	本年累计	上年实际平均	本年计划	本月实际	本年累计实际平均	按上年实际平均单位成本计算	按本年计划平均单位成本计算	本月实际	按上年实际平均单位成本计算	按本年计划单位成本计算	本年实际
可比产品合计								19 400	19 100	18 850	270 000	266 000	269 400
其中：甲	件	50	500	84	82	83	81	4 200	4 100	4 150	42 000	41 000	40 500
乙	件	20	300	760	750	735	763	15 200	15 000	14 700	228 000	225 000	228 900
不可比产品合计									2 110	2 119		23 550	23 780
其中：丙	件	8	70		125	128	126		1 000	1 024		8 750	8 820
丁	件	3	40		370	365	374		1 110	1 095		14 800	14 960
全部产品成本									21 210	20 969		289 550	293 180

补充资料：

1. 可比产品成本降低额为 600 元(本年计划降低额为 2 800 元)。
2. 可比产品成本降低率为 0.222 2%(本年计划降低率为 1.508 6%)。
3. 按现行价格计算的商品产值为 921 300 元。
4. 产值成本率为 31.82 元/百元(本年计划产值成本率为 31 元/百元)。

可比产品是指企业过去曾经正式生产过，有完整的成本资料可以进行比较的产品；不可比产品是指企业本年度初次生产的新产品，或虽非初次生产，但以前仅属试制而未正式投产的产品，缺乏可比的成本资料。

(1)“实际产量”项目：根据成本计算单等资料所记录的本月和从年初到本月的各种产品实际产量填列。

(2)“上年实际平均单位成本”项目：根据上年度本表所列各种可比产品的全年累计实际平均单位成本填列。

(3)“本年计划单位成本”项目：根据年度成本计划的有关资料填列。

(4)“本月实际单位成本”：根据产品成本明细账中的资料计算填列，某产品本月实际单位成本＝该产品本月实际总成本÷该产品本月实际产量。

(5)“本年累计实际平均单位成本”项目，根据有关产品成本明细账资料计算填列，某产品本年累计实际平均单位成本＝该产品本年累计实际总成本÷该产品本年累计实际产量。

(6)“本月总成本”各项目：根据本月实际产量与相应单位成本之积填列。

按上年实际平均单位成本计算的本月总成本＝本月实际产量×上年实际平均单位成本

按本年计划平均单位成本计算的本月总成本＝本月实际产量×本年计划单位成本

“本月实际”项目：根据本月有关产品成本明细账的记录填列。

(7)“本年累计总成本”项目：根据自年初到本月末止的本年累计产量分别乘以上年实际平均单位成本、本年计划单位成本和本年累计实际平均单位成本的积填列。

表中补充资料包括可比产品成本降低额、可比产品成本降低率、按现行价格计算的商品产值和产值成本率，其中按现行价格计算的商品产值根据有关的统计资料填列，其他 3 项根据表中有关数字计算，计算公式为：

可比产品成本降低额＝可比产品按上年平均实际单位成本计算的本年累计总成本－本年累计实际总成本

可比产品成本降低率＝(可比产品成本降低额÷可比产品按上年实际平均单位成本计算的本年累计总成本)×100％

产值成本率(元/百元)＝(产品总成本÷商品产值)×100％

表 13-1 中可比产品成本降低额和可比产品成本降低率计算如下：

可比产品成本降低额＝270 000－269 400＝600(元)

可比产品成本降低额＝600÷270 000×100％＝0.222 2％

产值成本率＝293 180÷921 300×100％＝31.82(元/百元)

13.2.3　产品成本表的分析

利用产品成本表可以分析以下问题：

(1) 对全部产品成本计划的完成情况进行总括评价。根据上述产品成本表资料编制分析表，见表 13-2。

表 13-2 本年累计全部产品成本计划完成情况分析表

产品名称	计划总成本	实际总成本	实际比计划升降额	实际比计划升降率
一、可比产品	266 000	269 400	+3 400	+1.28%
其中：甲	41 000	40 500	−500	−1.22%
乙	225 000	228 900	+3 900	+1.73%
二、不可比产品	23 550	23 780	+230	+0.98%
其中：丙	8 750	8 820	+70	+0.80%
丁	14 800	14 960	+162	+1.09%
合　计	289 550	293 180	+3 630	+1.25%

计算表明，虽然本月全部产品总成本(20 969 元)实际低于计划(21 210 元)，但本年累计实际总成本却超过计划 3 630 元，升高 1.25%。其中，可比产品成本实际比计划超支 3 400 元，主要是乙产品成本超支 3 900 元，而甲产品成本是降低的；不可比产品成本实际比计划超支 230 元，丙、丁产品成本都超支了。显然，进一步分析的重点应查明乙产品成本超支的原因。

为了把企业产品的生产耗费和生产成果联系起来，综合评价企业生产经营的经济效益，在全部产品成本计划完成情况的总评价中，还应包括产值成本率指标的分析。从上述产品成本表补充资料中得知，本年累计实际产值成本率为 31.82 元/百元，比计划超支 0.82 元/百元，说明该企业生产耗费的经济效益有所下降。

(2) 分析可比产品成本降低计划的完成情况。可比产品成本降低计划指标和计划完成情况的资料，分别反映在企业的成本计划和成本报表中。

假定企业本年可比产品成本降低计划，见表 13-3。

表 13-3 可比产品成本降低计划表

金额单位：元

可比产品	全年计划产量/件	单位成本		总成本		计划降低指标	
		上年实际平均	本年计划	按上年实际平均单位成本计算	按本年计划单位成本计算	降低额	降低率
甲	400	84	82	33 600	32 800	800	2.381 0%
乙	200	760	750	152 000	150 000	2 000	1.315 8%
合　计	—	—	—	185 600	182 800	2 800	1.508 6%

可比品成本降低＝185 600－182 800＝2 800(元)

可比品成本降低率＝(2 800÷185 600)×100%＝1.508 6%

可比产品成本降低计划的完成情况，详见根据产品成本表编制的分析表(表 13-4)。

表 13-4 可比产品成本降低计划完成情况分析表

金额单位：元

可比产品	总成本		计划完成情况	
	按上年实际平均单位成本计算	本期实际	降低额	降低率
甲	42 000	40 500	1 500	3.571 4%
乙	228 000	228 900	900	0.394 7%
合　计	270 000	269 400	600	0.222 2%

分析可比产品成本降低计划的完成情况，首先应确定分析的对象，即将可比产品成本实际降低额、降低率指标与计划降低额、降低率指标进行对比，确定实际脱离计划的差异：

计划降低额 2 800 元　　　　计划降低率 1.508 6%

实际降低额 600 元　　　　实际降低率 0.222 2%

实际脱离计划差异：

降低额＝600－2 800＝－2 200(元)

降低率＝0.222 2%－1.508 6%＝－1.286 4%

从以上计算中可以看出，可比产品成本降低计划没有完成，实际比计划少降低 2 200 元，或 1.286 4%。

其次，确定影响可比产品成本降低计划完成情况的因素和各因素的影响程度。其主要影响因素概括起来有 3 个：

(1) 产品产量：成本降低计划是根据计划产量制订的，实际降低额和降低率都是根据实际产量计算的。因此，产量的增减，必然会影响可比产品成本降低计划的完成情况。但是，产量变动影响有其特点：假定其他条件不变，即产品品种构成和产品单位成本不变，单纯产量变动，只影响成本降低额，而不影响成本降低率。

(2) 产品品种构成：产品品种构成发生变动时，会影响可比产品成本降低额和降低率升高或降低。在分析中之所以要单独计量产品品种构成变动影响，目的在于揭示企业取得降低产品真实成果的具体途径，从而对企业工作做出正确评价。

(3) 产品单位成本：可比产品成本计划降低额是本年度计划成本比上年度(或以前年度)实际成本的降低数，而实际降低额则是本年度实际成本比上年度(或以前年度)实际成本的降低数。因此，当本年度可比产品实际单位成本比计划单位成本降低或升高时，必然会引起成本降低额和降低率的变动。产品单位成本的降低意味着生产中活劳动和物化劳动消耗的节约。因此，分析时应特别注意这一因素的变动影响。

13.3　主要产品单位成本表的编制与分析

主要产品是指企业经常生产，在企业全部产品中所占比重较大，能概括反映企业生产经营面貌的那些产品。

主要产品单位成本表是反映企业在报表期内生产的各种主要产品单位成本构成情况的报表。该表应按主要产品分别编制，是对商品产品成本表所列各种主要产品成本的补充说明。

13.3.1　主要产品单位成本的结构

该表的主要特点是按产品的成本项目分别反映产品单位成本及成本项目历史先进水平、上年实际平均、本年计划、本月实际和本年累计实际平均的成本资料。

通过该表，可以反映出主要产品单位成本的变动原因，主要产品单位成本表的结构见表 13-5。

表 13-5 主要产品单位成本表

20××年 12 月

产品名称：乙　　计量单位：件　　本月计划产量：18 件

产品规格：××　　销售单价：860 元　　本月实际产量：20 件

本年累计计划产量：200 件

本年累计实际产量：300 件

成本项目		历史先进水平	上年实际平均	本年计划	本月实际	本年累计实际平均
原材料		510	550	550	522	482
工资及福利费		81	86	82	75	78
制造费用		137	124	118	138	203
产品单位成本		728	760	750	735	763
主要技术经济指标	计量单位	耗用量	耗用量	耗用量	耗用量	耗用量
A 材料	千克	19	21	20	18	18
B 材料	千克	32	33	32	30	34

表 13-5 中各项数字填列方法如下：

(1) 产量：本月及本年累计计划产量应根据生产计划填列；本月及本年累计实际产量应根据产品成本明细账或产成品成本汇总表填列；销售单价应根据产品定价表填列。

(2) 单位成本：历史先进水平应根据历史上该种产品成本最低年度本表的实际平均单位成本填列；上年实际平均单位成本应根据上年度本表实际平均单位成本填列；本年计划单位成本应根据本年度成本计划填列；本月实际单位成本应根据产品成本明细账或产成品成本汇总表填列；本年累计实际平均成本应根据该种产品成本明细账所计自年初至报告期末完工入库产品实际总成本除以累计实际产量计算填列。

(3)主要技术经济指标：指该种产品主要原材料的耗用量，应根据业务技术核算资料填列。

13.3.2 主要产品单位成本表的分析

分析主要产品单位成本的意义在于揭示各种产品单位成本及其各个成本项目的变动情况，尤其是各项消耗定额的执行情况；确定产品结构、工艺和操作方法的改变，以及有关技术经济指标变动对产品单位成本的影响，查明产品单位成本升降的具体原因。

分析主要依据主要产品单位成本表、成本计划和各项消耗定额资料，以及反映各项技术经济指标的业务技术资料等。分析的程序一般是先检查各种产品单位成本实际比计划、比上年实际、比历史最高水平的升降情况；然后，按成本项目分析其增减变动，查明造成单位成本升降的具体原因。为了在更大的范围内找差距、挖潜力，在可能的条件下，还可以组织厂际间同种类产品单位成本的对比分析。

(1) 原材料费用的分析。原材料费用的变动主要受单位产品原材料消耗数量和原材料价格两个因素影响。其变动影响可用差额计算法：

原材料消耗数量变动的影响＝（实际单位耗用量－计划单位耗用量）×原材料计划单价

原材料价格变动的影响＝（原材料实际单价－原材料计划单价）×单位产品原材料实际耗用量

【例 13-1】 有关资料见表 13-6。

表 13-6　乙产品原材料费用分析表

原材料名称	计量单位	耗用量		单　价		原材料费用		差　异	
		计划	实际	计划	实际	计划	实际	数量	金额
A	千克	20	18	13.50	14	270	252	−2	−18
B	千克	32	30	8.75	9	280	270	−2	−10
合　计		—				550	522		−28

乙产品原材料费用实际比计划降低 28 元，其中：

① 由于耗用量变动：

A 材料	−2×13.50＝ −27(元)
B 材料	−2×8.75＝ −17.50(元)
合计	−44.50(元)

② 由于价格变动：

A 材料	(14−13.50)×18＝ 9(元)
B 材料	(9−8.75)×30＝7.50(元)
合计	16.50(元)

两因素变动共使乙产品原材料费用降低 28 元(即−44.50＋16.50)。

在上述两因素中，原材料价格变动大多受外界因素影响，需结合市场供求和材料价格变动情况具体分析。这里重点分析原材料消耗数量的变动情况和变动原因。上例计算表明，由于原材料消耗数量变动使乙产品单位产品原材料费用降低 44.5 元。影响单位产品原材料消耗数量变动的原因很多，归纳起来主要有以下几种：

① 产品或产品零、部件结构的变化。在保证产品质量的前提下，改进产品设计，使产品结构合理，体积缩小，重量减轻，就能减少原材料消耗，降低原材料费用。

② 原材料加工方法的改变。改进工艺和加工方法或采取合理的套裁下料措施，减少毛坯的切削余量和工艺损耗，就能提高原材料的利用率，节约原材料消耗，降低产品成本。

③ 材料质量的变化。实际耗用的原材料质量如高于计划规定，可能会提高产品质量，或者节约材料消耗，但材料费用会升高；反之，如果质量低于计划要求，价格虽低，但会增大材料消耗量，会增加生产操作时间，或者降低产品质量。

④ 原材料代用或配料比例的变化。在保证产品质量的前提下，采用廉价的代用材料，选用经济合理的技术配方，就会节约原材料消耗或降低原材料费用。

⑤ 原材料综合利用。有些工业企业在利用原材料生产主产品的同时，还生产副产品，开展原材料的综合利用。这样就可以将同样多的原材料费用分配到更多品种和数量的产品，从而降低主产品的原材料费用。

⑥ 生产中产生废料数量和废料回收利用情况的变化。

(2) 工资及福利费的分析。分析产品单位成本中的工资费用，必须按照不同的工资制度和工资费用计入成本的方法来进行。

在计件工资制度下，计件单价不变，单位成本中的工资费用一般也不变，除非生产工艺或劳动组织方面有所改变，或者出现了问题。

在计时工资制度下，如果企业生产多种产品，产品成本中的工资费用一般是按生产工时比例分配计入的。这时产品单位成本中工资费用的多少，取决于生产单位产品的工时消耗和小时工资率两个因素。生产单位产品消耗的工时越少，成本中分摊的工资费用也越少，而小时工资率的变动则受计时工资总额和生产工时总数的影响，其变动原因需从这两个因素的总体去查明：

单位产品工时数量变动影响＝(实际工时－计划工时)×计划工资单价

工资单价变动影响＝(实际工资单价－计划工资单价)×实际工时

【例 13－2】 某工资分析资料表见表 13－7。

表 13－7　工资分析资料表

项　目	计　划	实　际	差　异
单位产品耗用工时	16.4	18.75	＋2.35
工资单价/(元/小时)	5	4	－1
单位产品工资费用	82	75	－7

由于单位产品工时数量变动影响　　(18.75－16.4)×5＝11.75(元)

由于工资单价变动影响　　(4－5)×18.75＝－18.75(元)

合计　　－7(元)

两因素变动共使乙产品原材料费用降低 7 元(即－18.75＋11.75)。

从上面的计算可以看出，乙产品单位成本中工资费用实际比计划降低了 7 元，主要是由于工资单价降低的影响。

在以上分析的基础上，再进一步分析影响工时数量变动和生产工人工资变动的原因。

(3) 制造费用分析。制造费用的分析，与上述计时工资分析情况类似，不再赘述。

13.4　制造费用、管理费用、销售费用明细表的编制与分析

13.4.1　制造费用明细表

制造费用明细表是反映企业在报告期内发生的全部制造费用及其构成情况的报表。其格式见表 13－8。

表 13－8　制造费用明细表

20××年 3 月　　金额单位：元

项　目	本年计划	上年同期实际数	本月实际数	本年累计实际
工资	(略)	(略)	(略)	4 150
职工福利费				581
折旧费				7 860
修理费				3 530
办公费				785
取暖费				1 230
水电费				1 435

续表

项　　目	本年计划	上年同期实际数	本月实际数	本年累计实际
机物料消耗	（略）	（略）	（略）	2 790
低值易耗品摊销				658
劳动保护费				780
租赁费				0
运输费				540
保险费				4 100
设计制图费				710
试验检验费				514
在产品盘亏和毁损(减盘盈)				315
其他				0
制造费用合计				29 978

此表按制造费用项目分别反映各该费用的本年计划数、上年同期实际数、本月实际数和本年累计实际数。其中，本年计划数应根据成本计划中的制造费用计划填列；上年同期实际数应根据上年同期本表的累计实际数填列；本月实际数应根据“制造费用”总账科目所属各基本生产车间制造费用明细账的本月合计数汇总计算填列；本年累计实际数应根据这些制造费用明细账的月合计数汇总计算填列。

13.4.2 销售费用明细表

销售费用明细表是反映企业在报告期内发生的全部销售费用及其构成情况的报表。其格式见表 13-9。

表 13-9 产品销售费用明细表

20××年 3 月　　　　金额单位：元

项　　目	本年计划	上年同期实际数	本月实际数	本年累计实际
工资	（略）	（略）	（略）	2 808
职工福利费				393
业务费				1 030
运输费				3 870
装卸费				2 090
包装费				3 670
保险费				896
展览费				0
广告费				4 120
差旅费				1 280
租赁费				0
低值易耗品摊销				540
销售部门办公费				796
委托代销手续费				0
销售服务费				0
折旧费				896
其他				0
合　计				22 389

此表按产品销售费用项目分别反映各该费用的本年计划数、上年同期实际数和本年累计

实际数。其中，本年计划数应根据本年产品销售费用计划填列；上年同期实际数应根据上年同期本表的累计实际数填列；本月实际数应根据“产品销售费用”明细账的本月合计数填列；本年累计实际数应根据产品销售费用明细账的本月末累计数填列。

13.4.3 管理费用明细表

管理费用明细表是反映企业在报告期内发生的全部管理费用及其构成情况的报表。其格式见表 13－10。

表 13－10 管理费用明细表

20××年 3 月　　　　金额单位：元

项　目	本年计划	上年同期实际数	本月实际数	本年累计实际
工资	(略)	(略)	(略)	9 850
职工福利费				1 379
折旧费				3 250
办公费				1 131
差旅费				2 820
运输费				4 818
保险费				1 980
租赁费				0
修理费				3 260
咨询费				0
诉讼费				0
排污费				1 780
绿化费				0
物料消耗				890
低值易耗品摊销				718
无形资产摊销				680
递延费用摊销				780
坏账损失				390
研究开发费				0
技术转让费				0
业务招待费				3 860
工会经费				1 980
职工教育经费				2 510
待业保险费				0
劳动保险费				2 720
税金：				6 980
房产税				略
车船使用税				略
土地使用税				略
印花税				略
材料、产成品盘亏和毁损(减盘盈)				582
其他				0
合　计				53 358

此表按管理费用项目分别反映各该费用的本年计划数、上年同期实际数和本年累计实际数。其中，本年计划数应根据公司(总厂)或企业行政管理部门的管理费用计划填列；上年同

期实际数应根据上年同期本表的累计实际数填列；本月实际数应根据管理费用明细账的本月合计数填列；本年累计实际数应根据管理费用明细账的本月末的累计数填列。

13.4.4 财务费用明细表

财务费用明细表是反映企业在报告期内发生的全部财务费用及其构成情况的报表。其格式见表13-11。

表13-11 财务费用明细表

20××年3月 金额单位：元

项目	本年计划	上年同期实际数	本月实际数	本年累计实际
利息支出（减利息收入） 汇兑损失（减汇兑收益） 调剂外汇手续费 金融机构手续费 其他筹资费用	（略）	（略）	（略）	4 150 2 280 768 0 0
合计				7 198

此表按财务费用项目分别反映各该费用的本年计划数、上年同期实际数和本年累计实际数。其中，本年计划数应根据本年财务费用计划填列；上年同期实际数应根据上年同期本表的累计实际数填列；本月实际数应根据财务费用明细账的本月合计数填列；本年累计实际数应根据财务费用明细账本月末的累计数填列。

13.4.5 各种费用明细表的分析

制造费用、产品销售费用、管理费用和财务费用，都是由许多具有不同经济性质和不同经济用途的费用组成的。这些费用支出的节约或浪费，往往与公司（总厂）的行政管理部门和生产车间工作的质量和有关责任制度、节约制度的贯彻执行情况密切相关。因此，向各有关部门、车间编报上述报表，分析这些费用的支出情况，不仅是促进节约各项费用支出，杜绝一切铺张浪费，不断降低成本和增加盈利的重要途径；同时也是推动企业改进生产经营管理工作，提高工作效率的重要措施。

对上述各种费用进行分析，首先应根据表中资料将本年实际与本年计划相比较，确定实际脱离计划差异；然后分析差异的原因。由于各种费用所包括的费用项目具有不同的经济性质和用途，各项费用的变动又分别受不同因素变动影响，所以在确定费用实际支出脱离计划差异时，应按各组成项目分别进行，而不能只检查各种费用总额计划的完成情况，不能用其中一些费用项目的节约来抵补其他费用项目的超支。同时，要注意不同费用项目支出的特点，不能简单地把任何超过计划的费用支出都看做是不合理；同样，对某些费用项目支出的减少也要做具体分析：有的可能是企业工作成绩，有的则可能是企业工作中的问题。不能孤立地看费用是超支了还是节约了，而应结合其他有关情况，结合各项技术组织措施效果来分析，结合各项费用支出的经济效益进行评价。

在按费用组成项目进行分析时，由于费用项目多，所以每次分析只能抓住重点，对其中费用支出占总支出比重较大的，或与计划相比发生较大偏差的项目进行分析。特别应注意那些非生产性的损失项目，如材料、在产品和产成品等存货的盘亏和毁损。因为这些费用的发生与企业管理不善直接相关。

分析时，除以本年实际与本年计划相比，检查计划完成情况外，为了从动态上观察、比较各项费用的变动情况和变动趋势，还应将本月实际与上年同期实际进行对比，以了解企业工作的改进情况，并将这一分析与推行经济责任制结合，与检查各项管理制度的执行情况结合，以推动企业改进经营管理，提高工作效率，降低各项费用支出。

为了深入地研究制造费用、产品销售费用、管理费用和财务费用变动的原因，评价费用支出的合理性，寻求降低各种费用支出的途径和方法，也可按费用的用途及影响费用变动的因素，将上述费用包括的各种费用项目按以下类别进行研究。

1. 生产性费用

生产性费用如制造费用中的折旧费、修理费、机物料消耗等，这些费用的变动与企业生产规模、生产组织、设备利用程度等有直接联系。这些费用的特点，在业务量一定的范围下，相对固定，超过这个范围就可能上升。分析时就应根据这些费用的特点，联系有关因素的变动评价其变动的合理性。

2. 管理性费用

管理性费用如行政管理部门人员的工资、办公费、业务招待费等。管理性费用的多少主要取决于企业行政管理系统的设置和运行情况以及各项开支标准的执行情况。分析时，除按明细项目与限额指标相比分析其变动原因外，还应从紧缩开支、提高工作效率的要求出发，检查企业对有关精简机构、减少层次、合并职能、压缩人员等措施的执行情况。

3. 发展性费用

发展性费用如职工教育经费、设计制图费、试验检验费、研究开发费等。这些费用与企业的发展相关，实际上是对企业未来的投资。但是这些费用应当建立在规划的合理、经济、可行的基础上，而不是盲目地进行研究开发或职工培训，应将费用的支出与取得的效果联系起来进行分析评价。

4. 防护性费用

防护性费用如劳动保护费、保险费等。这类费用的变动直接与劳动条件的改善、安全生产等相关。显然，对这类费用的分析就不能认为支出越少越好，而应结合劳动保护工作的开展情况，分析费用支出的效果。

5. 非生产性费用

非生产性费用主要指材料、在产品、产成品的盘亏和毁损。分析这类费用发生的原因，必须从检查企业生产工作质量、各项管理制度是否健全以及库存材料、在产品和产成品的保管情况入手，并把分析与推行和加强经济责任制结合起来。

同步测试题

一、单项选择题

1. 可比产品成本降低额与降低率之间的关系是(　　)。
A. 成反比　　B. 成正比　　C. 同方向变动　　D. 无直接关系

2. 企业成本报表(　　)。
A. 是对外报送的报表
B. 是对内编报的报表
C. 有关部门规定哪些指标对外公布，哪些指标不对外公布
D. 根据债权人和投资人的要求，确定哪些指标对外公布，哪些指标不对外公布

3. 经济技术指标变动对产品成本的影响主要表现在对(　　)指标的影响。
A. 产品总成本　　B. 产品单位成本
C. 产品产量　　D. 产品总成本和产品产量

4. 主要产品单位成本的计划完成情况分析，通常首先采用(　　)进行分析。
A. 对比分析法　　B. 趋势分析法
C. 比率分析法　　D. 连环替代法

5. 企业成本报表的种类、项目、格式和编制方法(　　)。
A. 由国家统一规定　　B. 由企业自行制定
C. 由企业主管部门统一规定　　D. 由企业主管部门与企业共同制定

6. 采用连环替代法，可以揭示(　　)。
A. 产生差异的因素
B. 实际数与计划数之间的差异
C. 产生差异的因素和各因素的影响程度
D. 产生差异的因素和各因素的变动原因

7. 可比产品是指(　　)。
A. 企业过去曾经正式生产过，有完整的成本资料可以进行比较的产品
B. 企业过去曾经生产过的产品
C. 有完整的定额成本资料可以进行比较的产品
D. 在行业中正式生产过，有完整的成本资料可以进行比较的产品

8. 下列关于主要产品单位成本表的说法，错误的是(　　)。
A. 主要产品单位成本表是反映企业在报告期内生产的各种主要产品单位成本构成情况的报表
B. 主要产品单位成本表应按主要产品分别编制
C. 主要产品单位成本表是对产品生产成本表的补充说明
D. 主要产品单位成本表是反映企业在报告期内全部产品单位成本构成情况的报表

9. 生产单一品种情况下，影响可比产品成本降低额变动的因素仅是下列的(　　)。
A. 产品产量　　B. 产品单位成本
C. 产品产量和产品单位成本　　D. 产品产量、单位成本和品种结构

10. (　　)是进行成本分析的主要依据。

A. 成本制度　　B. 成本预测

C. 成本报表　　D. 企业会计准则

二、多项选择题

1. 工业企业成本报表一般包括(　　)。

A. 产品生产成本表　　B. 主要产品单位成本表

C. 制造费用明细表　　D. 各种期间费用明细表

2. 主要产品单位成本表反映的单位成本包括(　　)。

A. 本月实际　　B. 历史先进水平

C. 本年计划　　D. 上年实际平均

3. 生产多品种情况下，影响可比产品成本降低额变动的因素有(　　)。

A. 产品产量　　B. 产品单位成本

C. 产品价格　　D. 产品品种结构

4. 期间费用明细表，一般按照期间费用项目分别反映费用项目的(　　)。

A. 计划数　　B. 上年同期实际数

C. 本月实际数　　D. 本年累计实际数

5. 下列财务指标中，属于相关比率指标的有(　　)。

A. 产值成本率　　B. 销售收入成本率

C. 成本利润率　　D. 制造费用构成比率

6. 连环替代的顺序性表现在(　　)。

A. 先替代数量指标，后替代质量指标　　B. 先替换基本因素，后替换从属因素

C. 先替换实物量指标，后替换价值量指标　　D. 先替代质量指标，后替代数量指标

7. 成本报表分析的主要内容包括(　　)。

A. 成本计划完成情况分析　　B. 主要产品单位生产成本分析

C. 费用预算执行情况的分析　　D. 成本效益分析

8. 下列费用项目中，属于生产性费用的有(　　)。

A. 生产车间的折旧费、修理费　　B. 劳动保护费

C. 生产车间的机物料消耗　　D. 职工教育经费

9. 技术经济指标变动对产品单位成本影响的分析，主要包括(　　)。

A. 产量变动对单位成本的影响

B. 废品率变动对单位成本的影响

C. 原材料利用率变动对单位成本的影响

D. 劳动生产率和工资水平变动对产品单位成本的影响

10. 主要产品单位生产成本表中反映的内容主要包括(　　)。

A. 产品产量　　B. 产品单位生产成本

C. 主要技术经济指标　　D. 产品的销售价格

三、实训题

1. 练习主要产品单位成本的分析。

资料：海东企业生产甲产品，有关资料见表 13-12、表 13-13。

表 13－12　主要产品单位成本表

成本项目	上年实际平均	本年计划	本年实际
原材料	1 862	1 890	2 047
工资及福利费	150	168	164
制造费用	248	212	209
合计	2 260	2 270	2 420

表 13－13　单位甲产品耗用原材料的资料表

项　　目	上年实际平均	本年计划	本期实际
原材料消耗量/千克	950	900	890
原材料单价/元	1.96	2.10	2.30

要求：

(1) 根据上述资料，分析甲产品单位生产成本的计划完成情况。

(2) 分析影响原材料费用变动的因素和各因素对材料费用变动的影响程度。

2. 练习可比产品成本降低率计划完成情况的分析。

资料：海东企业生产甲、乙产品两种可比产品成本。

(1) 可比产品成本计划降低率为 7%。

(2) 可比产品生产成本资料见表 13－14。

表 13－14　可比产品成本资料表

可比产品	产量/件		单　位　成　本		
	计划	实际	上年实际平均	本年计划	本年实际
甲	15	25	200	185	175
乙	20	18	100	95	97.5
合　计	—	—	—	—	—

要求：计算可比产品成本降低率计划完成情况，分析其升降原因。

参 考 文 献

[1] 江希和. 成本会计[M]. 北京：高等教育出版社，2008.
[2] 吴丽新，于北方. 新编成本会计[M]. 大连：大连理工大学出版社，2009.
[3] 蒋国发. 成本会计[M]. 北京：清华大学出版社，2008.
[4] 陈云. 成本会计[M]. 上海：立信会计出版社，2009.
[5] 欧阳清，万寿义. 成本会计[M]. 大连：东北财经大学出版社，2005.
[6] [美]查尔斯·T·霍恩格伦，乔治·福思特，斯里坎特·M·达塔. 成本会计学：以管理为重心[M]. 王立彦，王永梅，译. 大连：东北财经大学出版社，2000.
[7] [美]米切尔·马赫. 成本会计[M]. 姚海鑫，等译. 北京：机械工业出版社，1999.

北京大学出版社高职高专经管类规划教材书目

序号	书　　名	标准书号	主编	定价	出版日期
1	统计学基础	978-7-81117-756-5	阮红伟	30	2009
2	统计学原理	978-7-81117-825-8	廖江平 刘登辉	25	2009
3	统计学原理与实务	978-7-5038-4836-0	姜长文 简家进	26	2009
4	经济法原理与实务	978-7-5038-4846-9	孙晓平 邓敬才	38	2009
5	经济法实用教程	978-7-81117-675-9	胡卫东 吕 玮	39	2009
6	财经法规	978-7-81117-885-2	李 萍 亓文会	35	2009
7	会计基本技能	978-7-5655-0067-1	高东升 王立新	26	2010
8	基础会计	978-7-5655-0062-6	常 美	28	2010
9	基础会计教程	978-7-81117-753-4	侯 颖	30	2009
10	基础会计教程与实训	978-7-5038-4845-2	李 洁 王美玲	28	2009
11	基础会计实训教程	978-7-5038-5017-2	王桂梅	20	2009
12	基础会计原理与实务	978-7-5038-4849-0	侯旭华 缑宇英	28	2009
13	财务管理教程与实训	978-7-5038-4837-7	张 红 景云霞	37	2008
14	财务会计	978-7-5655-0117-3	张双兰 李桂梅	40	2011
15	财务会计(第2版)	978-7-81117-975-6	李 哲 等	32	2010
16	财务会计实用教程	978-7-5038-5027-1	丁增稳 高 丛	36	2008
17	财务活动管理	978-7-5655-0162-3	石兰东	26	2011
18	财务管理	978-7-5655-0328-3	翟其红	29	2011
19	Excel财务管理应用	978-7-5655-0358-0	陈立稳	33	2011
20	成本会计	978-7-81117-592-9	李桂梅	28	2009
21	成本会计	978-7-5655-0130-2	陈东领 周美容	25	2010
22	成本会计	978-7-301-19409-6	徐亚明 吴雯雯	24	2011
23	成本费用核算	978-7-5655-0165-4	王 磊	27	2011
24	成本会计实训教程	978-7-81117-542-4	贺英莲	23	2008
25	成本会计实务	978-7-301-19308-2	王书果 李凤英	36	2011
26	审计学原理与实务	978-7-5038-4843-8	马西牛 杨印山	32	2007
27	审计业务操作	978-7-5655-0171-5	涂申清	30	2011
28	审计业务操作全程实训教程	978-7-5655-0259-0	涂申清	26	2011
29	税务会计实用教程	978-7-5038-4848-3	李克桥 郭 华	37	2008
30	涉税业务核算	978-7-301-18287-1	周常青	29	2011
31	企业纳税实务	978-7-5655-0188-3	司宇佳	25	2011
32	会计电算化实用教程	978-7-5038-4853-7	张耀武	28	2008
33	会计电算化实用教程(第2版)	978-7-301-09400-6	刘东辉	20	2008
34	会计英语	978-7-5038-5012-7	杨 洪	28	2009
35	行业特殊业务核算	978-7-301-18204-8	余 浩	20	2011
36	财经英语阅读	978-7-81117-952-1	朱 琳	29	2010
37	资产评估	978-7-81117-645-2	董亚红	40	2009
38	国际结算	978-7-5038-4844-5	徐新伟	32	2009
39	国际结算	978-7-81117-842-5	黎国英	25	2009
40	货币银行学	978-7-5038-4838-4	曹 艺 卞桂英	28	2009
41	国际金融基础与实务	978-7-5038-4839-1	冷丽莲 刘金波	33	2008
42	国际贸易概论	978-7-81117-841-8	黎国英 张新亚	28	2009
43	国际贸易理论与实务	978-7-5038-4852-0	程敏然 贺亚茹	40	2008
44	国际贸易实务	978-7-301-19393-8	李湘滇 刘亚玲	34	2011
45	国际商务谈判	978-7-81117-532-5	卞桂英 刘金波	33	2008
46	国际商法实用教程	978-7-5655-0060-2	聂红梅 史亚洲	35	2010
47	进出口贸易实务	978-7-5038-4842-1	周学明 金 敏	30	2008

序号	书　　名	标 准 书 号	主 编	定价	出版日期
48	金融英语	978-7-81117-537-0	刘　娣	24	2009
49	财政基础与实务	978-7-5038-4840-7	才凤玲　张云莺	34	2007
50	财政与金融	978-7-5038-4856-8	谢利人　郝巧亮	37	2008
51	市场营销学	978-7-5038-4859-9	李世宗　李建峰	28	2008
52	市场营销	978-7-81117-957-6	钟立群	33	2010
53	管理学原理	978-7-5038-4841-4	季　辉　冯开红	26	2008
54	管理学基础	978-7-81117-974-3	李蔚田	34	2010
55	管理学原理与应用	978-7-5655-0065-7	秦　虹	27	2010
56	企业管理	978-7-5038-4858-2	张　亚　周巧英	34	2008
57	通用管理实务	978-7-81117-829-6	叶　萍	39	2009
58	现代公共关系原理与实务	978-7-5038-4835-3	张美清	25	2007
59	现代企业管理	978-7-81117-806-7	于翠华　贾志林	38	2009
60	商务礼仪	978-7-81117-831-9	李　巍	33	2009
61	商务礼仪	978-7-5655-0176-0	金丽娟	29	2011
62	现代商务礼仪	978-7-81117-855-5	覃常员　张幸花	24	2009
63	商务沟通实务	978-7-301-18312-0	郑兰先	31	2011
64	人力资源管理	978-7-5038-4851-3	李蔚田	40	2008
65	电子商务实务	978-7-301-11632-6	胡华江	27	2009
66	电子商务实用教程	978-7-301-18513-1	卢忠敏　胡继承	33	2011
67	电子商务英语	978-7-301-17603-0	陈晓鸣　叶海鹏	22	2010
68	网络营销理论与实务	978-7-5655-0039-8	范军环　宋沛军	32	2010
69	商务谈判	978-7-5038-4850-6	范银萍　刘　青	32	2009
70	市场调研案例教程	978-7-81117-570-7	周宏敏	25	2008
71	市场调查与预测	978-7-5655-0252-1	徐　林　王自豪	27	2011
72	市场营销理论与实训	978-7-5655-0316-0	路　娟	27	2011
73	管理信息系统	978-7-81117-802-9	刘　宇	30	2009
74	商品学概论	978-7-5038-4855-1	方凤玲　杨　丽	20	2008
75	广告原理与实务	978-7-5038-4847-6	郑小兰　谢　璐	32	2007
76	零售学	978-7-81117-759-6	陈文汉	33	2009
77	消费心理学	978-7-81117-661-2	臧良运	31	2009
78	营销策划技术	978-7-81117-541-7	方志坚	26	2008
79	中小企业管理	978-7-81117-529-5	吕宏程	35	2008
80	连锁经营与管理	978-7-5655-0019-0	宋之苓	37	2010
81	秘书理论与实务	978-7-81117-590-5	赵志强	26	2008
82	现代物流管理	978-7-5038-4854-4	沈　默　李承霖	37	2007

请登陆 www.pup6.com 免费下载本系列教材的电子样书(PDF 版)、电子课件和相关教学资源。

欢迎免费索取样书，并欢迎到北京大学出版社来出版您的大作，您可在 www.pup6.com 在线申请样书和进行选题登记，也可下载相关表格填写后发到我们的邮箱，我们将及时与您取得联系并做好全方位的服务。

联系方式：010-62750667，sywat716@126.com，linzhangbo@126.com，欢迎来电来信咨询。